Venezuela
La Diáspora del siglo XXI

JAVIER GARAVITO

Venezuela. La Diáspora del Siglo XXI
Diseño y arte de portada y Contra portada:
Javier Garavito
Imagen de fondo de portada: Pixabay/DavidRockDesign

ISBN: 9798579318169
Printed in USA by Amazon

Otros títulos del Autor:
Venezuela. Lo que el Chavismo se llevó. (2019)

DEDICATORIA

A todos aquellos valientes que de algún modo luchan día a día de forma incansable para difundir la verdad sobre lo que pasó y sigue pasando en Venezuela.

A los que no se callan a pesar de la persecución de la narco-dictadura chavista dentro y fuera del país.

A los que han dejado su sangre y su vida por no tener miedo a denunciar los crímenes de la era chavista en Venezuela.

A los que están confinados en cárceles, y calabozos venezolanos por no silenciar sus voces ante las injusticias y no ceder ante los chantajes de la tiranía.

A la memoria de todos los que día a día caen en carreteras, en las fronteras, en hospitales o en las aguas del mar, mientras intentan huir de la dictadura castro-chavista del siglo XXI.

A todos los que tienen el valor de investigar los entramados de la corrupción, el narcotráfico, el terrorismo y el lavado de dinero que se desarrolla desde los entes del narco estado venezolano.

AGRADECIMIENTOS

A ese ser supremo que nos llena de vida, de abundancia y de bendiciones sin límite.

A mi madre, mi viejita, por la vida, por sus muchos sacrificios, por su paciencia, por sus consejos, por sus continuas oraciones, por su amor sin medida.

A Génesis, que en la distancia de estos años, ha significado mi inspiración y mis suspiros, la imagen de los más bellos y tiernos recuerdos. A ella le debo años de ausencia física, pero mi corazón en el silencio ha estado lleno de su presencia. Te amo.

A Venezuela, mi tierra adorada, que sufre el yugo de una dictadura salvaje y sanguinaria.

A todos aquellos amigos especiales, dispersados literalmente por todo el mundo, que siempre están presentes a pesar de la distancia. Mil gracias, bendiciones y un abrazo sincero.

Javier Garavito

ÍNDICE DE CONTENIDO

A modo de prólogo

Según datos del Observatorio de la Diáspora Venezolana, se proyectaba que el 2020 finalizaría con una diáspora de unos 7,5 a 8,5 millones de venezolanos de seguir aumentando al ritmo de los últimos años.

Parece toda una vida el poco tiempo que llevo fuera de Venezuela, y es que, en apenas un lustro, he experimentado tantos cambios y vivido un sinfín de experiencias muy intensas, a las que siempre les daré una significación positiva, porque en conjunto me han ayudado a sobreponerme al desarraigo de abandonar una vida hecha, y sentar las bases de una estabilidad personal, emocional y profesional en un país extranjero.

Soy uno de esos más de siete millones de venezolanos que viven fuera de Venezuela, y han aprendido a amar también al terruño que los ha recibido. Soy parte de esa diáspora venezolana que se encuentra esparcida por el mundo. Lo digo ahora con facilidad, pero no fue algo fácil de digerir.

Nunca olvidaré aquella maravillosa sensación de libertad, seguridad y de tranquilidad que sentí aquel cinco de mayo, al caminar por primera vez en muchos años, por las calles de una ciudad sin sentir ningún tipo de preocupaciones o temores. Y aunque el futuro pareciera incierto y complicado, siempre estuve seguro de que con esfuerzo, dedicación y disciplina podría, en poco tiempo crecer personal y profesionalmente en esa nueva tierra.

En el tiempo que he vivido fuera de Venezuela, nunca he dejado de buscar respuestas, de analizar, de reflexionar, de investigar sobre lo que sucedió en Venezuela y con los venezolanos, inquietudes que comparto con otros amigos en diversos lugares del mundo. A veces creo que en el venezolano como colectivo, como en el caso del pueblo cubano, confluye un oscuro conflicto cíclico entre un síndrome de Estocolmo y la paradoja de Stockdale, donde un optimismo extremo en oportunidades muta en agradecimiento a su verdugo, verdugo que a veces pretende ser su mesías. Y este conflicto lo padecen como colectivo, quienes están dentro del país, pero se vive como reflejo en la comunidad de la diáspora.

Hablar de la diáspora venezolana pudiera parecer etéreo para personas de otras latitudes fuera de Venezuela, si no se han detenido alguna vez a ver los impresionantes números que reflejan las estadísticas diarias de venezolanos huyendo de su país por todas sus fronteras, puertos y aeropuertos.

La diáspora venezolana, sin ser fenómeno aislado en la historia de la humanidad, más cuando vivimos en una época donde globalmente, según datos de ACNUR hay más setenta y nueve millones de desplazados en el mundo, y según la OIM hay doscientos setenta y dos millones de migrantes internacionales en todo el mundo, no tiene precedentes históricos en la región y en el mundo en los últimos siglos e igualmente está causando un gran impacto social, económico, político y cultural a nivel global, pues ningún país del mundo está preparado para recibir una estampida de migrantes en un corto lapso de tiempo.

Según datos del Observatorio de la Diáspora Venezolana, se proyectaba que el 2020 finalizaría con una diáspora de unos

7,5 millones de venezolanos de seguir aumentando al ritmo de los últimos años. Tal vez la situación del COVID-19 ha podido hacer variar esos números, pero lo cierto es que la salida de venezolanos del país, no se ha detenido durante la pandemia, tan solo ha reducido los números.

Lamentablemente no existen cifras oficiales en Venezuela para cuantificar la magnitud real de esta situación, sino que, por el contrario, la dictadura rechaza rotundamente que el fenómeno migratorio masivo de venezolanos exista, y lo presenta como una gran campaña mediática de los medios y las organizaciones contra la revolución bolivariana y contra los venezolanos. Además, continuamente en actos proselitistas presenta, cómo supuestos grupos de venezolanos piden ayuda a la dictadura para retornar al país.

La tragedia de emigrar acarrea tras de sí muchos eventos en sí misma para muchos venezolanos que se han aventurado a marcharse a ese país que han creído el más factible para ellos. La decisión no es fácil, adonde ir es una gran incógnita, los recursos siempre son escasos y condicionan la forma de llegar que es toda una odisea, en barco, en avión, en autobús o incluso caminando miles de kilómetros, tal como miles de personas han llegado a su destino.

Lamentablemente para infinidad de esos migrantes, ese destino no les ha dado precisamente una bienvenida. Miles de venezolanos han tenido que padecer la xenofobia y la discriminación allí donde han decidido radicarse. Diversos casos fueron noticia en algunas ciudades puntuales de Colombia, Ecuador y Perú principalmente, donde la xenofobia provocó incluso protestas en las calles en contra de la llegada de los venezolanos a esas regiones, llegando a agredir e incluso a asesinar a algunos de ellos.

Los últimos tres años han sido particularmente difíciles tanto para los venezolanos que están dentro del país, como para los que están fuera, siendo la pandemia del COVID, la guinda que faltaba al pastel. Indudablemente una calamidad tras otra. Estos tres años han hecho que el venezolano como colectivo pueda pasar del optimismo al pesimismo absoluto, como quien padece al mismo tiempo del Síndrome de Estocolmo y de la paradoja de Stockdale

* * *

Al escribir como venezolano sobre la diáspora de Venezuela, no quiero pretender, llevar a cabo un trabajo académicamente metodológico ni particularmente objetivo, pues haber nacido y vivido en Venezuela, siendo además hijo de inmigrantes, fue una experiencia de vida sentimental y emocionalmente intensa, y como tal lo que se expresa es este texto esta ineludiblemente cargado de esa intensa emocionalidad y del apasionamiento de un venezolano que ama su tierra, pero vive lejos de sus fronteras mientras lucha arduamente para establecerse emocional y profesionalmente en tierras lejanas.

Aun así, aunque ciertamente todo lo que en este texto comento y relato va cargado de mi subjetividad y parcialidad, a medida que voy avanzando en hechos, situaciones u opiniones, mías y de otras personas, trato de apoyar progresivamente lo que escribo con datos y referencias disponibles de diversas tendencias ideológicas, en una selección online de libros, revistas, periódicos, blogs o sitios oficiales de organizaciones nacionales e internacionales, de distinto grado de generalidad o especialización de las que hago mención a cada momento respectivamente.

La lectura de este libro no requiere un orden particular, cada capítulo y cada crónica es un tema completamente independiente, pero en conjunto son un todo que quiere mostrar ese caudal histórico y emocional que hay detrás de cada venezolano que camina con la cabeza en alto en cualquier calle de cualquier ciudad del mundo.

Reitero que el lector no se va a encontrar con un tratado

metodológica y cronológicamente ordenado, sino que quien escribe va presentando aspectos que considera esenciales a la hora de enfrentarse a entender cómo, porqué y desde cuándo se ha dado el fenómeno de esta salida masiva de venezolanos de su país, así como un intento de resolver la incógnita de si esos venezolanos regresarán algún día. Y por supuesto, sin dejar de un lado diversas reflexiones necesarias para entender y asumir los retos que como diáspora tiene todo venezolano allí donde se encuentre, sea consciente o no de ello. Adicionalmente, tras cada capítulo se relata una suerte de crónicas sobre casos particulares de venezolanos que han padecido los avatares de la diáspora en diversos lugares del mundo y que en algún modo han afectado profundamente las fibras de quien escribe este texto.

En un primer capítulo se pretende, sin ignorar los errores de la mal llamada cuarta república, recapitular los múltiples desmanes y atrocidades de la era chavista que llevó a Venezuela a la debacle total, y a los venezolanos a huir masivamente de ella, en lo que ha resultado una de las diásporas más importantes de los últimos tiempos. Luego en el siguiente capítulo se insiste en entender el porqué, cómo y de que huyen los venezolanos en una verdadera estampida migratoria. En el capítulo tercero se trata de descifrar si los venezolanos que han salido del país a lo largo de todos estos años, algún día regresarán. El cuarto capítulo quiere presentar cómo la dictadura chavista hace un gran esfuerzo por hacer creer al mundo que la diáspora no es un fenómeno real sino un invento mediático del imperio y las fuerzas opositoras. Y en un último capítulo se quiere intentar hacer o iniciar las reflexiones necesarias, para asumir que somos parte de la diáspora y reconocer que tenemos retos y compromisos como parte de esa diáspora.

Al presentar entre capítulos las historias y vivencias de María, de Mariana, de Milagro, de Ángela o de Gioconda quienes son casos muy cercanos a mi persona, y la de Mariángel a quien no conozco, solo quiero reflejar la historia de esos millones de personas y familias que están en plena lucha por rehacer sus vidas en horizontes lejanos a Venezuela. Pero también podría hablar de todos los compañeros de trabajo que conocí durante casi diez años laborando en Caracas, irónicamente en la institución de migración y extranjería de Venezuela, que se encuentran, literalmente dispersados por el mundo. Desde Argentina, pasando por Perú, Chile, Ecuador o Colombia o Panamá, hasta México o los Estados Unidos. Desde América hasta Europa, Asia, Oceanía e incluso hasta África.

Cada aspecto tocado a lo largo del libro, cada capítulo, ha surgido de esas innumerables e interminables tertulias, de esas que pretenden arreglar el mundo en una tarde, y que junto a amigos profesionales venezolanos y de otras diversas partes del mundo, brotan de forma espontánea y obligada cuando se toca el punto de porqué los venezolanos estamos fuera de un país que se suponía tan rico. Sin ser analistas o especialistas cada uno ofrece sus puntos de vista, mientras otros continuamente lanzan incógnitas de asombro, que entre todos tratamos de analizar y resolver. Tantas y tantas inquietudes que hace mucho tiempo tenía intención de plasmar por escrito, buscando además puntos de encuentro entre las diversas tendencias de opinión en cuanto a dicha situación.

La realidad venezolana del último siglo, según lo afirman muchos intelectuales, y así lo creo también, dará mucho tema de investigación y análisis durante muchos años, en absolutamente todos los aspectos como país, como nación o como Estado. Como dirían los viejos, habrá mucha tela que cortar.

La economía y la política de al menos los últimos treinta años en Venezuela, por no decir más, debe y será, profundamente investigada y analizada para dar luces a futuras generaciones de cómo proceder ante estos derroteros.

Lo ocurrido en Venezuela, no tiene parangón en la historia

reciente. Hace poco leía un post de Fernando Londoño Hoyos[1] del año 2014, que afirmaba que lo de Venezuela era el milagro económico, pero a la inversa, ha ocurrido lo inimaginable. En sus palabras, el castrochavismo será recordado como autor de un milagro económico a la inversa, de los que se registran tan pocos en el devenir de los pueblos, y es que, durante los primeros quince años del chavismo, Venezuela recibió, solo en excedentes petroleros, el equivalente al PIB de 17 países América juntos, incluyendo a Chile, Perú, Colombia y Argentina, lo que son unos ochocientos mil millones de dólares y con ello solo cosechó miseria, corrupción y destrucción. En la actualidad esa cifra supera generosamente el millón de millones de dólares, una cifra que no es fácil digerir para imaginarla, cuando un venezolano promedio percibe un sueldo mínimo de tres o cuatro dólares al mes.

Estoy muy consciente que, al emitir opiniones y juicios particulares sobre el tema venezolano en la actualidad, con seguridad siempre voy a encontrar a muchos que discrepan completamente o en parte de mi posición. Aun así, aunque respeto por la opinión de otros, escribo como siento y como pienso para no contradecirme a mí mismo, y trato de hacerlo de forma transparente.

Siempre parto del punto que nadie es dueño de la verdad y que la verdad absoluta no existe en absoluto, como sucede con la realidad, que podemos hallar mil formas diversas de ver esa realidad, y con muchas de ellas seguramente no estaremos de acuerdo, pero aun así, esas visiones o interpretaciones son parte de la realidad que nos rodea y como tal veremos a muchos otros que si están de acuerdo y comulgan profundamente con esa otra verdad o esa otra realidad aunque a nosotros nos pueda parecer descabellada.

---

[1] **Fernando Londoño Hoyos**, es un reconocido consultor económico argentino, columnista de La Nación y conductor del programa de TV El Informe Económico. Actualmente edita un semanario económico en Internet llamado Economía para todos (EPT).

Por esto mismo es que creo que no solo tenemos el derecho, sino también la obligación, de expresar nuestras opiniones y puntos de vista, pues nuestras interpretaciones, al final de cuentas, también forman parte de esa bendita realidad que unos y otros, estamos tratando de comprender e incluso de construir. Y es que por respeto a nosotros mismos y a todo el que decida leer nuestro trabajo, no creo que sea justo dejar de expresar nuestra visión personal en pro de la tolerancia. Tolerancia que es pues, escuchar o leer, tratando de entender un poco lo que todos piensan, aunque parezca descabellado a unos y a otros.

* * *

Crónicas de una Diáspora

I

Huir para morir en el mar

Güiria, diciembre 2020

Manuel y José Antonio, son dos humildes pescadores de Güiria, una ciudad costera del estado Sucre en el oriente de Venezuela. Sentados en la arena de la playa, pierden sus miradas en el mar, mientras lamentan al punto del llanto, la dolorosa pérdida de algunos de sus amigos, quienes naufragaron hace apenas unos días mientras intentaban llegar a costas de Trinidad y Tobago.

—Hoy fueron ellos, mañana serán otros. Eso no le importa a nadie. ¿a cuantos cristianos no se ha comido este mar, tratando de escaparse de esta miseria? —Se lamenta Manuel, como buscando una respuesta, que sabe que no existe—. Hoy andan todos alborotados, interrogando a todo el mundo, y metiendo presa a un poco é gente. Pero ya usted verá, ¡espérese! que dentro de un tiempito se verán por ahí libres otra vez y en el mismo negocio. Dejarán preso al más pendejo, claro. Y la gente ya habrá olvidado la noticia y seguirán lanzándose al mar. Pero esta vaina no se va a detener nunca, no con esta dictadura.

* * *

La tarde del pasado seis de diciembre, desde Güiria, en la zona oriental de Venezuela, más de treinta venezolanos decidieron abordar una precaria embarcación para tratar de llegar a Trinidad y Tobago, isla donde, por cierto, los venezolanos no son bienvenidos por un gobierno que es aliado de la dictadura venezolana, y que ya en reiteradas oportunidades, ha deportado a cientos de venezolanos, e incluso devuelto embarcaciones apenas llegar a la isla. Irónicamente aquella embarcación se llamaba: Mi refugio.

Lo cierto es que ese mismo día, en Venezuela se estaban celebrando unas elecciones parlamentarias, mientras estos venezolanos, buscaban desesperadamente la forma de huir del país, aunque fuera a un destino donde no serían bienvenidos. Irían a trabajar ilegalmente, a encontrarse con sus familias ya establecidas en la isla o a rebuscarse una forma de vivir. Pero ninguno imaginó que muy pronto, sus cuerpos sin vida serían hallados flotando en el mar.

—Todos ellos murieron buscando libertad y un mejor porvenir para sus familias. Huían de Venezuela así, de esa manera tan desesperada, tan arriesgada y peligrosa. —Dice Manuel, mientras señala el mar con sus manos—. Diosito Santo los tenga en la gloria, ahora están en un mundo mejor.

Oficialmente se pudo saber que la embarcación logró llegar a las costas de Trinidad, pero una vez allí, fue expulsada por parte de los guardacostas y en su camino de vuelta a la costa venezolana esta naufragó y todos murieron ahogados. No queda claro, pero hubo información que, irresponsablemente, los guardacostas hicieron abordar aun a más venezolanos a la ya sobre cargada embarcación. Por esta misma situación aún no se sabe el número exacto de víctimas, pues no han sido recuperados todos los cadáveres.

Los primeros once cuerpos fueron hallados el sábado doce de diciembre a siete millas náuticas de la costa de Sucre, se trataba de cuatro mujeres, cuatro hombres y tres niños, al día siguiente se encontraron los cuerpos de otros dos hombres y una mujer. Hasta la fecha, se han encontrado más de treinta cadáveres.

Mientras la mayoría de los migrantes venezolanos que huyen de la crisis humanitaria han viajado por tierra a Colombia y Brasil, en esta zona costera del país algunos barcos pesqueros sobrecargados, llevan gente de contrabando hacia un futuro incierto en las islas cercanas del Caribe, entre ellas Trinidad y Tobago.

—Primo, aquí todo es un negocio, la miseria de la gente también es un tremendo negocio, —Explica Manuel—, La gente desesperada por huir del país, les paga a las mafias pá que los lleven pá Trinidá, y ellos le pagan a la Guardia Costera pá que no paren esos viajes ilegales. La desesperación de la gente es un gran negocio.

La odisea entre las turbulentas aguas de Bocas de Dragón, la zona limítrofe entre Venezuela y Trinidad y Tobago es realmente suicida. Esta zona es frecuentada no solo por pescadores, sino también por contrabandistas y narcotraficantes, que aprovechan la oportunidad de sacar beneficio de la gente desesperada por huir del país.

—Mire amigo, le voy a decir una vaina, —Dice José

Antonio—. En esos barquitos peñeros, legalmente no pueden ir más de quince personas, además de las otras cosas que deben llevar de peso. Y pues, en esos viajes pá Trinidad le meten hasta cuarenta cristianos a esa vaina, antes no ha habido más tragedias. Mire, con estos muertos, que aún nadie sabe en verdad cuentos fueron, pero seguro que fueron más de treinta, ya entre este año y el año pasado, van más de cien muertos. Ya ni se recuerdan las noticias. Pero bueno, gracias a Dios por los que han logrado irse.

Ciertamente, en abril de 2019 había naufragado una embarcación con más de treinta personas a bordo, de las cuales solo unos pocos sobrevivieron, incluyendo a dos jóvenes que milagrosamente llegaron nadando a Isla de Patos, de donde fueron rescatadas posteriormente.

Anteriormente, en enero de 2018, en otra zona de la costa, se reportó el hundimiento de una pequeña embarcación, con unos veinte venezolanos a bordo, frente a las costas de la isla caribeña de Curazao. En el hecho perecieron al menos cuatro de los ocupantes. La lancha partió de manera ilegal con destino a Curazao y naufragó tras chocar contra unas rocas.

Particularmente, Trinidad representa una oportunidad para los venezolanos de esta zona del oriente. Y aunque según datos oficiales se registran dieciséis mil venezolanos en la isla, se sabe que en realidad hay unos cuarenta mil que permanecen de forma ilegal, y allí trabajan en lo primero que encuentran, se dedican a las ventas informales, otros a trabajar la peluquería, e incluso algunas mujeres recurren a la prostitución a su llegada.

—Mire primo, en Venezuela muchos prefieren arriesgar su vida pá escapar de esta dictadura chavista que someterse a la miseria, al hambre o la inseguridad. ¿usted no lo está viendo? —Afirma José Antonio mientras se lleva las manos a la cabeza—. Esto es una tragedia humana, así como la que se vive en Cuba o en Siria, ¡la misma vaina! Los políticos tienen que dejarse de hablar pistoladas, tienen que unirse pá poder ponerle fin a esta tragedia.

* * *

Tres semanas antes de esta tragedia, un grupo de migrantes venezolanos, incluidos dieciséis niños, fue deportado de Trinidad y Tobago y esa embarcación tuvo que permanecer más de cuarenta y ocho horas en altamar antes de regresar a la isla, gracias a la orden de un tribunal. Al menos esos corrieron otra suerte.

Desde que la pandemia del covid se ha hecho más fuerte, las autoridades de Trinidad y Tobago se escudan ante el alegato, que las fronteras se encuentran cerradas por la pandemia de coronavirus y se reúsan a recibir a los desesperados migrantes venezolanos.

Los medios de comunicación de la dictadura de forma irresponsable y criminal se ciñen a decir que la tragedia es culpa de las mafias de trata de migrantes, y de la oposición venezolana que incita a la población a salir del país, ofreciendo darles la condición de refugiados. Adicionalmente estos medios como Telesur o venezolana de televisión afirman que Trinidad está en todo el derecho de expulsar a estos migrantes, olvidando los tratados internacionales y los derechos humanos.

La dictadura por su parte se ha encargado de manipular los hechos, abriendo investigaciones que no llegan a nada, ordenando la captura del propietario de la embarcación y de algunos a guardias costeros. Pero no ha perdido ocasión de burlarse descaradamente de las fatales víctimas, haciendo comentarios indignantes como: ¡Si querían nadar lo hubieran hecho en una piscina! Diosdado Cabello, también dijo públicamente: ¡No fueron a votar y mire lo que les pasó!

* * *

Esta es la crónica continuada de una tragedia anunciada. Estas no son las primeras víctimas, ni el primer naufragio, y lamentablemente tampoco será el último, pero tal vez sí, el que ha llegado a tener mayor trascendencia. Entre tanto, con estas recientes víctimas ya sobrepasa la centena de muertos intentando esta travesía en busca de una vida mejor.

Capítulo 1

Del Socialismo del Siglo XXI a la Diáspora del Siglo XXI

"El humor del caudillo es el marco jurídico, político, institucional, que sirve de referencia diaria al país. Frente a la ausencia de instituciones sólidas, el caudillo emerge con su fuerza viril. La larga duración del gobierno del caudillo compensa la inestabilidad de sociedades a medio hacer. El caudillo se vuelve lo único permanente, un verdadero proyecto nacional en sí mismo".

Manual del Perfecto idiota latinoamericano
Plinio Apuleyo Mendoza, Álvaro Vargas Llosa y
Carlos Alberto Montaner

La díaspora venezolana, esa migración masiva de venezolanos a cualquier parte del mundo, no es un fenómeno que se da por generación espontánea, sino que es esencialmente consecuencia de una crisis humanitaria, económica, política, social y moral, generada por el denominado Socialismo del siglo XXI, implantado por Chávez en Venezuela, quien a su vez llega al poder a causa del profundo deterioro político y moral de las instituciones del Estado y de los partidos y líderes políticos que produjeron un hartazgo en la sociedad venezolana, que se lanzó desbocada hacia un suicidio colectivo que dio inicio a la era Chavista.

El socialismo del siglo XXI, hizo su aparición oficialmente de la mano del difunto Hugo Chávez, ofreciendo ser la panacea para la América Latina, el tercer mundo e incluso la salvación del planeta, a pesar del evidente y estrepitoso fracaso del socialismo y el comunismo como teorías en las experiencias rusa o china, en los intentos latinoamericanos y en la gran mentira cubana, de la que aún existen, incluso viviendo en los Estados Unidos, individuos y movimientos que la proclaman como el mar de la felicidad u otros apelativos igualmente utópicos. Cuando muchos pensaron que el socialismo y el comunismo como teorías eran anacrónicas y las revoluciones solo recuerdos fracasados de mentes obsoletas o intelectuales rancios de izquierda, el caudillo Chávez hace retumbar en el mundo, el renacimiento del socialismo de la mano de Fidel Castro, pero ahora con el remoquete de socialismo del siglo XXI como ideología de su cacaraqueada revolución bolivariana.

La denominación de Socialismo del Siglo XXI fue un concepto planteado por Heinz Dieterich Steffan[2], un sociólogo alemán y profesor de la Universidad Autónoma Metropolitana de México, y fue el concepto que Chávez asumió como bandera ideológica y que nunca tuvo unas bases conceptuales claras y firmes más allá del discurso ultra populista, repetitivo y rebuscado del caudillo bolivariano, quien fue presentando progresivamente su giro al socialismo como una necesidad vital para la humanidad, pero sin ofrecer un concepto concreto.

---

[2] **Heinz Dieterich Steffan** (Rotemburgo del Wumme, Alemania, 1943) es un sociólogo y analista político alemán residente en México, profesor-investigador de la Universidad Autónoma Metropolitana.
Conocido por sus posiciones de izquierda, colabora con varias publicaciones y ha publicado más de 30 libros sobre la conflictividad latinoamericana, la sociedad global y los sucesivos paradigmas científicos e ideológicos que cruzaron al siglo. Es un gran impulsor del concepto de socialismo del siglo XXI.

"Hay que retomar el estudio de las ideas socialistas. El socialismo. Sus tesis auténticas, sus tesis originales. Revisar errores, revisar aciertos. Reenfocar, reorientar y tomar el rumbo que hay que tomar".

Discurso de Hugo Chávez en la Clausura del Primer Encuentro Mundial de Intelectuales y Artistas en Defensa de la Humanidad.
Caracas, 5 de diciembre de 2004

"Creo que si Mao Tze Dong y Simón Bolívar se hubiesen conocido habrían sido grandes amigos, porque su pensamiento a pesar de las distancias en el tiempo y en la geografía, en el fondo caen en la misma vertiente infinita del humanismo… …Creo incluso que, si Bolívar hubiese vivido unas décadas más, hubiese terminado siendo socialista (…)".

Conferencia de Chávez en la Universidad de Beijing.
24 de diciembre de 2004

«Negar los derechos a los pueblos es el camino al salvajismo, el capitalismo es salvajismo. Yo cada día me convenzo más, [entre] capitalismo y socialismo… no tengo la menor duda. Es necesario, decimos y dicen muchos intelectuales del mundo, trascender el capitalismo, pero agrego yo […] al capitalismo hay que transcenderlo por la vía del socialismo […].»

Discurso de Hugo Chávez ante el V Foro Social Mundial.
30 de enero de 2005

Respecto al sociólogo Heinz Dieterich, cabe mencionar que en principio se identificó plenamente con el comandante Chávez y su proyecto político, pero posteriormente tomo distancia respecto del movimiento ideológico y las acciones lideradas por caudillo y su sucesor Nicolás Maduro, y el rumbo que tomó su forma de gobierno.

> **El acuerdo energético ideado por el difunto Hugo Chávez y mantenido por su sucesor Nicolás Maduro, benefició a 14 países caribeños y centroamericanos con el suministro de más de 346,31 millones de barriles de petróleo entre 2006 y 2016**
>
> **#Petrofraude**
> https://www.connectas.org/

Aprovechando la coyuntura de los elevados precios del petróleo y la alta capacidad de producción que tenía PDVSA, la empresa estatal petrolera venezolana, Hugo Chávez utilizó la sobre abundancia de recursos que hubo en la primera etapa de su gobierno, (2001-2007) para proyectar su imagen al mundo como el gran salvador y vengador de los pobres, y despilfarró incontables cantidades de dinero promocionando y exportando su socialismo del Siglo XXI en América Latina y El Caribe, además de España, comprando el apoyo y los votos diplomáticos de estos países en los organismos internacionales como la ONU y la OEA entre otras instituciones.

Fue millonario, por ejemplo, el apoyo recibido por Daniel Ortega en su campaña presidencial y durante su gobierno en Nicaragua que le ha permitido al líder del Frente Sandinista consolidarse férreamente en el poder, favor que es pagado con su apoyo incondicional ante entes internacionales.

Préstamos petroleros a Nicaragua en millones de US$

2007	2008	2009	2010	2011	2012	2013	2014	2015	2016
70	293	236	521,8	557,1	551,3	558,5	477,9	297,9	91,3

Fuente: Banco Central de Nicaragua

Los programas sociales

Es cierto que el desaparecido comandante Chávez gastó grandes cantidades de dinero en programas sociales en Venezuela desde los inicios de su mandato, como el caso del Plan Bolívar 2000[3] entre otros, pero estos solo perseguían el apoyo popular y la fidelización de sus adeptos, pero ninguno de tales proyectos, llamados misiones, se desarrollaron de manera sustentable ni organizada, sino con un muy alto nivel de improvisación. Todos estos programas fueron presentando sus fallas y progresivamente su fracaso hasta desaparecer totalmente y dejar en la misma miseria e ignorancia a los beneficiarios y con grandes fortunas a los manejadores y responsables de dichos programas.

Todos estos programas y misiones y su fracaso, anunciaban solapadamente el fracaso a donde se dirigía el chavismo entre despilfarro, la corrupción, el desorden y los números y estadísticas falsas. Misiones educativas, de salud, culturales se desarrollaban con gran improvisación y aun así se exportaron en conjunto con Cuba a otros países de la región como Bolivia, Ecuador y países de centro América con similares resultados.

Solo por poner un ejemplo, en el año 2003 miles de médicos cubanos[4] llegaron Venezuela en el marco de la creación de la misión Barrio Adentro, médicos que, por cierto, desde el principio fueron progresivamente desertando y huyendo a otros países sobre todo a los Estados Unidos, donde he conocido a muchos de ellos, que cuentan cómo lograron escapar de Venezuela. Pero esta realidad siempre se ocultó a

---

[3] **El Plan Bolívar 2000** fue un plan de programas sociales para atender necesidades urgentes de la población. Se realizó con la participación de las Fuerzas Armadas, en lo que se llamó la «alianza cívico-militar», pero desde sus inicios estuvo plagado de resonados casos de corrupción que no fueron investigados, pero el Plan dejó de existir.

[4] La **Misión Barrio Adentro** se creó en 2003 para llevar atención sanitaria primaria a barrios pobres, y ya en 2006 contaba con más 15 mil médicos cubanos y apenas unos mil médicos venezolanos.

los medios y la opinión pública o se disfrazó solapadamente.

Estos médicos confiesan, además, como se veían obligados a inflar los números de pacientes atendidos, e incluso regalar, esconder o enterrar grandes cantidades de medicamentos que supuestamente se daban a los pacientes.

Según la organización <u>Transparencia Venezuela</u>[5], "a pesar de que la Misión Barrio Adentro ha dispuesto de más de 40 mil millones de dólares en sus 17 años, muestra un saldo negativo y una evidente disminución de su capacidad operativa. La ausencia de planificación… la poca transparencia y la ausencia absoluta de rendición de cuentas ha hecho que esta Misión haya fallado en su noble propósito de atender a los sectores más vulnerables".

La Chequera Petrolera

Chavez manejó los recursos del país como quien maneja una chequera personal. A todo el hemisferio llegó el dinero y el petróleo venezolano, incluidos los Estados Unidos de América. Diversos líderes mundiales del momento llegaron a Chávez en busca de convenios petroleros multimillonarios con preferencias, facilidades de pago a toda vista con desventaja para Venezuela.

> "El financiamiento petrolero entregado por Venezuela a países de Centroamérica y el Caribe llegó a su punto más alto en 2014 cuando en suma 14 países del área, incluidos algunos de los más pequeños, menos poblados y con recursos más escasos del continente, debían más de 14.800 millones de dólares a la nación suramericana. República Dominicana y Jamaica, que en suma acaparaban casi la mitad de las deudas, concretaron en 2015 renegociaciones que les permitieron cancelar sus deudas con el pago de menos de 50% de lo adeudado".

Tomado de www.connectas.org/especiales/petrofraude/

---

[5] **Transparencia Venezuela** es una asociación civil sin fines de lucro, no partidista, plural y sin filiación política, dedicada a promover condiciones, procedimientos y factores para prevenir y disminuir la corrupción. Ver https://transparencia.org.ve/

Financiamiento petrolero que dio Venezuela a países de Centroamérica y el Caribe hasta 2014

País	Firma	Deuda 2014 (US$)	Territorio (Miles Km²)	Población (2014)
República Dominicana	2005	4.364.410.000	48.67	10.405.884
Nicaragua	2007	3.651.000.000	130.373	6.013.997
Jamaica	2005	3.193.840.000	10.991	2.862.087
Haití	2007	1.588.193.030	27.75	10.572.466
El Salvador	2014	997.220.000	21.041	6.281.189
Guyana	2005	216.190.000	214.97	763.393
Antigua y Barbuda	2005	165.690.000	442.6	98.875
Belice	2005	152.890.000	22.86	351.694
San Cristóbal y Nieves	2005	124.460.000	261	53.739
Granada	2005	121.620.000	344	106.360
Honduras	2008	102.440.000	112.492	8.809.216
San Vicente y las Granadinas	2005	61.290.000	389	109.357
Dominica	2005	56.150.000	751	72.778

Fuente: www.connectas.org

Se invirtió, además, mucho dinero en lobby y compra de conciencias en los Estados Unidos y otros países para bajar la presión política, lograr apoyo y evitar sanciones, y hasta finales de la administración Obama funcionó muy bien.

Se desviaron fondos millonarios para financiar campañas electorales de líderes pro socialistas como Evo Morales en Bolivia, Néstor y Cristina Kistner en Argentina, Rafal Correa en Ecuador, Inácio Lula da Silva en Brasil, o Daniel Ortega en Nicaragua entre otros, y hasta Rodríguez Zapatero y los socialistas de España se llevaron su gran tajada generando un vergonzoso entramado de corrupción y blanqueo de capitales que a la fecha de hoy sigue salpicando a líderes y gobernantes en Venezuela y en el mundo entero. El dinero salía en efectivo por diversas vías diplomáticas, pero solo algunos casos como el del maletín Antonini Wilson[6] causaron cierto revuelo que, obviamente fue minimizado por Chávez diciendo que era un plan del imperio para desprestigiarlo, pero que propició desde entonces un proceso de investigación internacional que llega hasta hoy.

Y es que todos los paraísos fiscales y los más grandes bancos del mundo manejaron cifras astronómicas procedentes del gran defalco a las arcas venezolanas. Al respecto, diversas

> Existen tres mecanismos legales en EE. UU. para realizar cabildeo e influir en la toma de decisiones políticas del país, todas fueron aprovechadas por el gobierno de Hugo Chávez, y por su sucesor Maduro, para promover su discurso político y ayudar a amigos ideológicos. Esto le ha costado a la nación $20.722.646.
>
> Lobby venezolano en Washington
> https://efectonaim.net/

---

[6] El Caso del maletín de **Antonini Wilson** es un proceso judicial y una polémica generada cuando Guido Antonini Wilson, un empresario venezolano-estadounidense, llegó a Argentina, el 4 de agosto de 2007, con una maleta con 790.550 dólares que no había declarado a su llegada y que fueron decomisados. Este dinero era solo una pequeña parte de cientos de miles de dólares que Chávez suministró para la campaña presidencial de Cristina Fernández en Argentina.

organizaciones mantienen investigaciones para dar con los detalles de los movimientos y transacciones de dinero.

"Petrofraude

La clave del apoyo internacional que aún mantiene el régimen de Nicolás Maduro en Venezuela y que le ayuda a evitar el completo aislamiento tiene nombre propio: Petrocaribe. Un plan energético y de cooperación que ha inyectado más de 28.000 millones de dólares en 14 países, pero que en la práctica ha servido para la compra de respaldos diplomáticos. Así, los recursos de un pueblo arrinconado por el desabastecimiento y con una inflación de un millón por ciento el año pasado, en unos casos fortalecieron grupos de poder local en varios países, y en otros se tradujeron en corrupción y hambre".

"Venezuela aseguró un mecanismo de protección diplomática regional gracias a la multimillonaria inyección de fondos en la región del acuerdo Petrocaribe. Un mecanismo que en especial activa a los interesados aliados, cuando se condena las violaciones de derechos humanos del régimen de Maduro".

#Petrofraude. El descalabro continental chavista con dinero de los venezolanos Recuperado de https://www.connectas.org/especiales/petrofraude/petroleo-por-votos.html

Narcotráfico de estado

Pero los nexos del Socialismo chavista del siglo XXI no solo eran o son con la corrupción y el blanqueo global de capitales, sino que se vinculó profundamente con grupos de guerrillas irregulares, terroristas y narcotraficantes de América y del mundo, como las FARC, el ELN, el Hezbolláh libanés o la ETA española, además de su sabida cercanía a los regímenes de Irán, Siria y Libia entre otros.

Si bien el narcotráfico había penetrado a las fuerzas armadas venezolanas mucho antes de la llegada de Chávez, a finales de los 80s, con el comandante en el poder la preponderancia del llamado Cartel de los Soles[7] permea a todos los entes del estado convirtiendo a Venezuela en un Narco Estado de Facto.

No es coincidencia que, en marzo de 2020, la justicia norteamericana haya declarado oficialmente narcotraficantes y terroristas a los principales líderes y autoridades de la dictadura venezolana, por quienes ofrece una millonaria recompensa monetaria por la captura o por información suministrada para su captura, entre ellos Nicolás Maduro, Diosdado Cabello y el vicepresidente Tareck El Aissami. Estas recompensas son mayores las ofrecidas en su momento por el Chapo Guzmán, y solo superadas por la que se ofreció por el líder terrorista Osama Bin Laden o Rafael Caro Quintero.

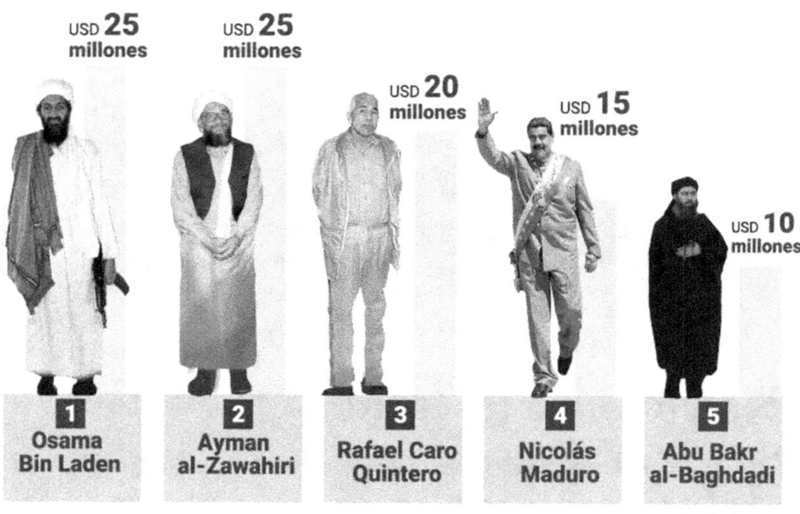

---

[7] **El Cártel de los Soles** es un grupo integrado por miembros de la Fuerza Armada de Venezuela y del gobierno nacional, cuyo objetivo principal es el tráfico cocaína. El término fue utilizado por primera vez en 1993, y se compone de altos oficiales militares y civiles vinculados al crimen organizado internacional, que participan en actividades de narcotráfico, minería ilegal y contrabando de combustible.

La diáspora venezolana

Pero para hacer el cuento corto, basta con decir que el socialismo del siglo XXI fue una ilusión creciente, que solo se mantuvo en boga mientras duró el dinero y el petróleo venezolano. Y es que esta versión del socialismo no solo fue un fiasco más, una gran trampa, sino que tal como el socialismo de otrora, terminó generando, además de la peor crisis humanitaria en la historia de Latinoamérica, lo que hoy es conocido en todo el mundo como la diáspora del siglo XXI o también llamada la diáspora bolivariana según lo denomina wikipedia.

El chavismo generó un exacerbado coctel de vicios y corrupción de magnitud inimaginable. Todo este despilfarro de dinero fluyendo hacia fuera del país, la corrupción interna, la fuga de divisas, aunado a los miles de expropiaciones de tierras y empresas productivas que dejaban de producir, la intervención de la banca privada, a lo largo de casi 20 años, generaron la crisis humanitaria que padece hoy la nación. La delincuencia desbordada, la hiperinflación, la escasez, la impunidad al delito, crisis eléctrica, crisis de salud, crisis financiera, crisis educativa, llevaron progresivamente a los venezolanos a decidir abandonar el país, y durante los últimos años el proceso ha sido masivo y creciente, casi superando a lo que sucede en los países del mediterráneo bajo y las olas de migrantes hacía Europa.

"El error fatal de Lula y Dilma fue en el momento de prosperidad, cuando gastaron todo lo que habían recaudado, dando centavos a los más pobres y millones a la banda podrida de empresarios".

"… el socialismo dura hasta que el dinero de los otros acaba, […] resulta imposible llevar al pobre a la prosperidad a través de las leyes que castiguen a los ricos por su prosperidad".

Margaret Thatcher. (1925-2013) Ex Primer Ministra de Inglaterra

Los más recientes números de la ACNUR[8] que confirman esta crisis de desplazados venezolanos por el mundo muestran más 5 millones de personas para el primer trimestre de 2020. Tan solo Colombia hasta febrero de 2020 reportaba más de un millón ochocientos mil venezolanos entre migrantes, refugiados y solicitantes de asilo venezolanos, de esos ha concedido permisos de residencia y estancia regular a unos 799.373, y condición de refugiado a 5.303.

> Como muchas de las fuentes oficiales de los gobiernos no toman en cuenta a venezolanos sin un estatus migratorio regular, es probable que los números totales sean más altos.
>
> Plataforma de coordinación para refugiados y Migrantes de Venezuela
> https://r4v.info/es/situations/platform

Cierto es que la crisis migratoria que vive Venezuela en la actualidad no es un caso único ni excepcional en el mundo, pues si vemos la situación actual de desplazados y refugiados a nivel global, también según la ACNUR, en los últimos años, esta presenta cifras récord que alcanzan más de 70 millones de personas.

En los últimos años, sobre todo durante 2015, en lo que se ha llamado la crisis migratoria del Mediterráneo[9], a Europa habían llegado más de un millón de personas solicitando asilo o refugio, en su mayoría provenientes de países como Siria, Afganistán, Eritrea, Nigeria, Albania, Pakistán, Somalia, Irak, Sudán, Gambia, Egipto, Marruecos, India, Nepal, Bután, Sri

---

[8] La **ACNUR,** es La Oficina del Alto Comisionado de las Naciones Unidas para los Refugiados, creada en 1950 por la Asamblea General de las Naciones Unidas, cuya misión es dirigir y coordinar la acción internacional para la protección de los refugiados a nivel mundial.

[9] **La crisis migratoria en Europa** o crisis de refugiados en Europa, es una situación humanitaria crítica, agudizada durante 2015, por el flujo descontrolado de refugiados, solicitantes de asilo, emigrantes económicos y otros migrantes en condición de vulnerabilidad, que comparten las vías de desplazamiento irregular hacia países de la Unión Europea.

Lanka y Bangladés, víctimas de conflictos armados, persecuciones, pobreza, cambio climático o violaciones masivas de los derechos humanos.

Particularmente la crisis migratoria venezolana está afectando directamente de forma profunda a todos los países vecinos de América del sur, Centro América y progresivamente a los Estados Unidos, donde hasta finales de 2019 habría al menos unos 1000 venezolanos detenidos en los centros de reclusión migratorios de los cuales un 85% cruzaron la frontera sin ninguna documentación, según lo informan representantes diplomáticos del gobierno interino de Venezuela que representa Juan Guaidó.

El mayor éxodo de venezolanos se ha producido sobre todo hacia Colombia y Brasil, con quienes Venezuela comparte una gran extensión de frontera, les siguen Ecuador, Chile, Argentina, Panamá y México. Pero en general, todos los países de América han recibido cantidades considerables de venezolanos que huyen de la crisis generada por el Chavismo y su socialismo del siglo XXI en Venezuela.

"Quedaron en el olvido aquellos días en que Venezuela recibió a millones de migrantes, por la guerra interna de Colombia que trajo a millones de desplazados a territorio venezolano, o de peruanos que en la década de los 80 enfrentó una brutal inflación y la etapa de terrorismos impuesta por Sendero Luminoso y el Movimiento Túpac Amaru. […]".

Tomado de https://www.infobae.com/

Por muchos meses durante 2017, 2018 y 2019 fueron noticia miles de venezolanos recorriendo a pie y arrastrando sus pertenencias saliendo por la frontera con Colombia desde la ciudad de venezolana fronteriza de San Antonio hacia Cúcuta, con destinos tan diversos como, Colombia, Ecuador, Perú, Bolivia, Chile o Argentina. Imágenes de pequeños grupos y caravanas por todas las carreteras del continente, se veían y se hacían virales en medios de comunicación y redes sociales. Plazas y parques de diversas ciudades servían de resguardo para pasar la noche a los viajeros. Pero el tiempo pasa y aunque siguen saliendo los migrantes, ya la noticia no es una novedad ni ocupa las primeras planas de diarios y sitios web.

El chavismo y la diáspora

La diáspora venezolana es un fenómeno que ha golpeado a todos los sectores y estratos sociales de Venezuela. Un fenómeno que inició tímidamente antes del triunfo del comandante golpista Hugo Chávez una vez que se vislumbra su inminente victoria y su toma del poder en Venezuela. Familias enteras de altos y medios estratos sociales planificaron en esa época su salida del país con pronósticos que no fueron para nada errados: el país iba a ser destruido.

Un par de décadas después, aquellos que desoyeron las predicciones de quienes se marcharon en la antesala a la toma del poder por parte de Chávez, lamentan haberse quedado en el país, o haber postergado su salida, las pérdidas para éstos y para todos siempre serán incalculables.

Viviendo ahora en los EE. UU., he conocido cientos de venezolanos en este país y luego de superar diversas dificultades han desarrollado una vida normal como ciudadanos americanos, pero en todos se mantiene la nostalgia de haber tenido que abandonar su tierra natal y su estilo de vida. Para muchos de ellos ya no hay retorno pues han echado raíces y ampliado su familia en los Estados Unidos de América.

La crisis mundial del coronavirus, agudizada en los meses de marzo y abril de 2020 ha generado algunos movimientos de retorno específicamente desde Colombia a Venezuela que han tratado de ser magnificados por la dictadura

La siguiente gráfica refleja datos de la ACNUR hasta el mes de abril de 2020 del número de venezolanos que se han radicado en los últimos años en diversos países del mundo.

Venezuela. La diáspora del siglo XXI

País	Venezolanos	Continente	Fecha
Colombia	1.825.678	América	12-04-2020
Perú	861.049	América	12-04-2020
Chile	455.494	América	12-04-2020
Ecuador	366.596	América	12-04-2020
Estados Unidos	351.144	América	12-04-2020
España	344.779	Europa	23-03-2020
Brasil	253.495	América	12-04-2020
Argentina	145.000	América	12-04-2020
Panamá	115.768	América	12-04-2020
México	73.115	América	12-04-2020
Italia	51.000	Europa	20-11-2019
República Dominicana	34.000	América	12-04-2020
Costa Rica	29.600	América	12-04-2020
Portugal	24.000	Europa	20-11-2019
Trinidad y Tobago	24.000	América	12-04-2020
Guyana	22.000	América	12-04-2020
Canada	20.775	América	12-04-2020

País	Venezolanos	Continente	Fecha
Aruba	17.000	América	12-04-2020
Curazao	16.500	América	12-04-2020
Uruguay	13.664	América	12-04-2020
Bolivia	7.000	América	20-11-2019
Australia	4.500	Oceanía	20-11-2019
Suiza	4.137	Europa	20-11-2019
Paraguay	3.818	América	12-04-2020
Suecia	1.610	Europa	20-11-2019
Guatemala	1.300	América	20-11-2019
Noruega	1.148	Europa	20-11-2019
Grecia	1.007	Europa	20-11-2019
Austria	1.000	Europa	20-11-2019
Israel	683	Asia	20-11-2019
El Salvador	395	América	20-11-2019
Hungría	242	Europa	20-11-2019
Irlanda	137	Europa	20-11-2019
TOTAL	**5.093.987**		**12-04-2020**

Venezuela antes de Chávez

Venezuela durante el siglo XX fue un destino por excelencia para inmigrantes de todo el mundo. Tanto de la América toda por las crisis locales, como de Europa a consecuencia de las guerras mundiales y de Asia por los genocidios comunistas, a Venezuela llegaron inmigrantes que hicieron vida y forman parte de nuestra cultura nacional.

Venezuela fue un territorio bendecido por hermosos paisajes, un maravilloso clima tropical y por una inmensurable cantidad de recursos naturales, agua, oro, hierro, plata, cobre, carbón, gas natural, diamantes, coltán y por supuesto petróleo. La explotación de estos recursos, sobre todo del petróleo, le permitió sobrellevar solapadamente las diversas crisis sociales, políticas y económicas por las que ha atravesado, ante la que otros países simplemente habían colapsado.

Las riquezas petroleras de Venezuela marcaron nuestro horizonte notoriamente, y como dice Humberto Calderón Berti[10], es difícil imaginarse lo que hubiera pasado en nuestro país sin los recursos petroleros. La consolidación de los gobiernos, su estabilidad, y también su inestabilidad, estuvieron signados por la mayor o menor magnitud de recursos petroleros con que contó el país. Además, se preguntaba Calderón Berti: ¿Se habría consolidado la democracia sin recursos petroleros? ¿Habría aparecido la nefasta figura de Hugo Chávez sin la crisis del petróleo de 1997- 98? ¿Estaría el régimen de Maduro en una situación tan precaria si el petróleo se hubiera mantenido en 100 dólares por barril?

Así pues, el petróleo fue para Venezuela su bendición y su perdición al mismo tiempo, por lo que Juan Pablo Pérez

---

[10] **Humberto Calderón Berti**, (Boconó, Trujillo, 21 de octubre de 1941) es un político, diplomático y experto petrolero venezolano, geólogo, que ostentó en diferentes momentos los cargos de ministro de energía y petróleo, ministro de Relaciones Exteriores y presidente de PDVSA entre otros cargos importantes en el país.

Alfonzo[11] lo llamó: el excremento del diablo. Pero no podemos obviar que Venezuela se convirtió en un país moderno con una sólida clase media, entre otras razones, por haber contado con los recursos provenientes del petróleo, pero sin olvidar, que también por esa condición petrolera y el inadecuado manejo de la política cambiaria se desestimuló el impulso necesario a la tan potencial industria nacional.

Para Venezuela, la llegada de Chávez al poder y su socialismo del siglo XXI, y de su sucesor ideológico Nicolás Maduro significó la destrucción absoluta del país, de su economía, de su aparato productivo y la desintegración total del Estado, hoy convertido en un narco estado que se sostiene por la fuerza de las armas y la represión sistemática.

Sin querer desestimar la destrucción causada por el chavismo, como lo expongo en mi libro, ***Venezuela, lo que el chavismo se llevó***, el chavismo no llegó por generación espontánea, ni fue el producto de un mal resultado en unas elecciones que le dejaron el poder en las manos de un psicópata y sus seguidores. Si no partimos de esto, jamás entenderemos lo que sucede en Venezuela y por qué ha sido tan difícil salir de esta banda de delincuentes que gobierna el país.

El chavismo llega al poder, producto de toda una serie de profundos problemas sociales, políticos y económicos que arrastraba el país casi desde el inicio de la democracia, donde además había una guerra de poderes que propiciaban un permanente ambiente de conspiración y que permitieron que una asociación cívico militar de individuos con influencia ideológica extranjera, particularmente cubana, lograra llegar aparentemente de forma democrática al poder.

Todos estos problemas políticos, económicos y sociales se iban solapando a lo largo del tiempo producto la abundancia

---

[11] **Juan Pablo Pérez Alfonzo** (Caracas, 13 de diciembre de 1903 –Washington D.C., Estados Unidos, 3 de septiembre de 1979) fue un político y diplomático venezolano. Conocido como «El padre de la OPEP», «El profeta olvidado» o «El caballero guerrillero».

de recursos que sostenía del crecimiento y desarrollo del país. Pero en cuando esta economía se tambaleaba y dejaba ver las costuras, surgían crisis que hacían considerar a muchos la posibilidad de emigrar a otros horizontes.

El viernes negro[12] de 1983

La Venezuela pujante y rica en recursos naturales fue vista como el sueño americano del sur para muchos inmigrantes del mundo entero. Se estima que solo entre 1948 y 1961, años de la dictadura militar del General Marcos Pérez Jiménez (1948-1958), al país llegaron unos 800 mil ciudadanos europeos, predominantemente españoles,

El viernes negro de 1983 marcó un punto de inflexión en la economía.

---

[12] El **Viernes Negro en Venezuela**, se refiere al viernes 18 de febrero de 1983, cuando el bolívar sufre una abrupta devaluación frente al dólar, derivado de políticas económicas asumidas por el entonces presidente Luis Herrera Campíns, que incluyeron el establecimiento de un control de cambio, imponiendo una restricción a la salida de divisas.
Consecuentemente, el Viernes Negro representa un hito que cambió la historia económica de Venezuela. Hasta ese día se mantuvo oficialmente la estabilidad y fiabilidad que desde la segunda década del siglo XX había caracterizado al bolívar, cuya última cotización libre con respecto al dólar fue al valor fijo de 4,30 bolívares.

portugueses e italianos, cuando según las cifras oficiales compiladas por la Universidad de Los Andes sobre la población venezolana, en 1961 Venezuela estaba habitada por apenas 7,7 millones de personas.

Durante la década de la dictadura de Pérez Jiménez y las dos primeras décadas del periodo democrático de Venezuela, el país avanzaba pujante y con grandes inversiones industriales que lo perfilaban como un país en vías desarrollo y punta de lanza en América Latina, por sus grandes inversiones en infraestructura y vialidad.

Aun así, la década de los 80s significó un punto de inflexión en el crecimiento del país y la crisis iniciada el viernes negro (febrero, 1983), durante el gobierno de Luis Herrera Campíns, cuando ocurre la primera gran devaluación de la moneda venezolana y el primer decreto de control de divisas en el país, marcó el punto de partida para que ahora fueran los venezolanos los que iniciasen progresivamente la búsqueda de opciones y oportunidades fuera del país.

Desde entonces no pocos venezolanos empiezan a radicarse en los Estados Unidos o Canadá y en la ahora pujante Europa e incluso en Australia que prometían mejor futuro. Algunos aventurando en lo desconocido, otros aprovechando la nacionalidad de sus padres y abuelos de origen extranjero, sobre todo descendientes de inmigrantes europeos.

Recuerdo claramente que a mediados de los ochenta tuve algunos amigos que tenían familiares que habían ido a estudiar a Francia con el plan de Becas Gran Mariscal de Ayacucho, (programa que luego del viernes negro de 1983 atravesó por una crisis) y que terminaron radicándose en el país galo. Regresar nunca estuvo en sus expectativas. Luego me enteré de que mis amigos también se habían ido a Francia. Las comunicaciones de esos años no eran las de la actualidad, así que más nunca supe de ellos, solo que no volvieron a Venezuela.

Por esos mismos años conocí jóvenes de diferentes

ciudades del país, desde Barinas a Maturín, desde Maracaibo a Puerto Cabello, que llevaban un tiempo preparando sus requisitos para irse a Australia y Canadá. Sobre todo, en los años 90, Canadá y Australia era el destino que más escuchaba entre mis conocidos. No lo vi como una oportunidad en el momento porque no tenía una carrera terminada ni el dinero en dólares que se requería para ingresar a esos destinos de forma consistente. Hoy todos esos amigos tienen una vida hecha en esos horizontes. Eran los años 80s y 90s y ya empezaba nuestra metamorfosis como futuros inmigrantes. Hay quienes me niegan esto rotundamente, pero no me lo contaron terceras personas, sino que lo viví, y Yo mismo abrigaba el deseo frustrado de emigrar en esos años.

Ya a finales de los 90s, tenía muchos amigos que se habían venido definitivamente a los Estados Unidos o habían tomado la nacionalidad española, italiana o lusitana de sus padres, y seguía reafirmándome que también mi destino estaría fuera de las fronteras de la tierra que me vio crecer, y de forma abrupta la realidad me lo confirmó muchos años después, como quien despierta de un mal sueño.

El caracazo del 27 de febrero de 1989

A finales de los 80s, específicamente el 27 de febrero de 1989, el país es sorprendido por el Caracazo, una explosión social de grandes magnitudes que aun hoy es causa de estudio entre otras cosas, por las evidencias que apuntan a la participación del dictador cubano Fidel Castro, quien luego de 30 años regresaba a Venezuela como invitado especial a la llamada coronación (toma de poder) de Carlos Andrés Pérez el 2 de febrero de 1989, y aprovecha el viaje para introducir armamentos a Venezuela y girar instrucciones a líderes subversivos y de izquierda para preparar e impulsar el inminente estallido social, aprovechando la fuerte crisis económica que vivía el país en ese momento.

Está documentado que curiosamente más de un mes antes

de la llegada de Castro a Caracas, el G2 cubano tomó todas las instalaciones del recién inaugurado hotel Eurobuilding de Caracas para preparar el recibimiento posterior a una delegación cubana de más de 300 personas que arribaron en 3 aviones de cubana de aviación que entraron por la rampa presidencial sin las revisiones oficiales.

El caracazo, también llamado el sacudón, que dejó miles de muertos y heridos y grandes incógnitas, y que fue explicado oficialmente como una explosión social de carácter espontáneo, cambia la visión del país y da un gran campanazo de alerta a los que dudaban de la recuperación de la nación. El caracazo también da un fuerte impulso a los movimientos de izquierda y a las células subversivas y conspiradores que esperaban una salida abrupta del poder de Carlos Andrés.

El Caracazo del 27 de febrero de 1989 dejó miles de muertes que aún no se han aclarado.

Tal vez en ese entonces era posible una recuperación de la nación económica y socialmente, si se da una conciliación de nacional de las fuerzas vivas de la nación, pero los grandes intereses económicos y de poder, la fuerza que tomó la izquierda y la profunda infiltración que logró Fidel Castro en diferentes niveles de las Fuerzas Armadas y de otros entes del estado, hicieron imposible una reorientación del país a una recuperación posible, al contrario, Venezuela se fue sumiendo progresivamente en un ambiente de crisis social, profundizado por la corrupción que no encontraba límite alguno.

La intentona de Chávez y el por ahora

Posteriormente, ya iniciados los 90 un fallido golpe de estado liderado por el comandante Chávez (febrero, 1992) contra el presidente Calor Andrés Pérez, y su liberación unos años después por el presidente copeyano Rafael Caldera, convence a muchos que la hora la partida había llegado, y desde entonces grupos familiares enteros deciden irse del país y radicarse definitivamente en diversos países como los Estados Unidos, España, Canadá, Italia, Inglaterra entre otros. Incluso algunas empresas empezaron a abrir instalaciones fuera del país previendo desde ya los ataques contra la propiedad privada de un gobierno comunista, como en efecto sucedió.

Rendición de Chávez el 4 de febrero de 1992
Foto: Diario El Universal

La fracasada intentona que dejó cientos de muertos entre personal civil y militar fue frustrada de forma firme por las fuerzas de inteligencia y seguridad del estado, pero los manejos con los detenidos fueron irregulares y le permitieron a un frustrado militar, dirigir en televisión y en vivo, unas palabras a la población, donde lanzó el **por ahora**[13] que fue premonitorio del movimiento que estaba por venir: la

Carlos Andrés Pérez es detenido y llevado a prisión en mayo de 1993.

lamentable revolución bolivariana de Chávez.

Poco más de un año después, el presidente Pérez es destituido por malversación de fondos, en lo que realmente fue un juicio político en su contra y que significó el lanzamiento de un siniestro Rafael Caldera como candidato presidencial y a la postre, el siguiente presidente de Venezuela (1994-1999), quien dio el sobreseimiento de la causa de Chávez quien queda en libertad plena y con posibilidades de lanzarse a la vida política.

Con la entrada de Chávez en la vida política y democrática de Venezuela y el inicio de su campaña presidencial, inicia lo

---

[13] Palabras de rendición de Chávez el 4 de febrero de 1992: "Compañeros, lamentablemente, **por ahora**, los objetivos que nos planteamos no fueron logrados en la ciudad capital. Es decir, nosotros acá en Caracas, no logramos controlar el poder. Ustedes lo hicieron muy bien por allá, pero ya es tiempo de evitar más derramamiento de sangre. Oigan mi palabra, oigan al comandante Chávez, que les lanza este mensaje para que, por favor, reflexionen y depongan las armas. [...] Yo, ante el país y ante ustedes, asumo la responsabilidad de este movimiento militar bolivariano"

que hoy ya es una estampida de inmigrantes y desplazados y que se conoce en el mundo entero como la diáspora venezolana.

La diáspora venezolana implica una fuga grave de talentos y fuerza laboral que golpea fuertemente los ya menguados sectores productivos del país. La inversión de décadas en educación y formación del talento humano es una gran pérdida efectiva para la nación, que será aprovechada en otros países por empresas e instituciones a un menor costo para aquellos.

En el siguiente capítulo iremos más al detalle del porqué de la diáspora venezolana, del porque la gente huye de su tierra dejando atrás una vida, encaminándose a un futuro incierto. La cantidad impresionante de personas buscando refugio o asilo en diversas partes del mundo deja al desnudo no solo la crisis económica, la crisis humanitaria o el colapso general del país, sino también el carácter tiránico y terrorista del grupo de mafiosos que ostenta el poder y que ha convertido a Venezuela en un narco estado de facto que es un peligro y una amenaza no solo sus propios ciudadanos sino para toda América y para la paz del mundo entero.

Y es que lo que no logró el temerario colombiano como Pablo Emilio Escobar, el mayor narcotraficante en la historia de su país y del mundo durante las décadas de los 80s y los 90s, que sembró el terror en toda Colombia, y quien además de su carrera criminal como capo de la droga también soñó con ser presidente, tocando las grandes esferas políticas de la vida nacional al ser candidato y posteriormente elegido a la Cámara de Representantes

Pablo Escobar, el narco traficante que llegó a la Cámara de Representantes de Colombia.

de Colombia en el año 1982, lo logró en Venezuela el chavismo con su socialismo del siglo XXI. Una banda de delincuentes civiles y militares, ligados al narcotráfico, a los movimientos guerrilleros, al terrorismo internacional y al blanqueo de capitales a nivel global.

Que Pablo Escobar llegara a la Cámara de Representantes de Colombia, dejó en claro la impunidad con la que este Capo pudo moverse en el país para llevar a cabo sus actividades de narcotráfico y crimen. Luego de ser elegido para ocupar un escaño en la cámara de representantes, el ministro de justicia Rodrigo Lara Bonilla lo denunció en público en plena cámara, y Escobar salió por la puerta de atrás del Congreso. Con ayuda de sus fichas en el Congreso, intentó desprestigiar al ministro, y como no logró hacerlo, simplemente ordenó su asesinato, iniciando así una de las más violentas etapas de Colombia.

El capo colombiano, como sus ahora similares narco-gobernantes venezolanos, públicamente se defendió argumentando que era un hombre honorable, trabajador y que luchaba de forma aguerrida por las clases más humildes y que por eso era calumniado. En Venezuela, Diosdado Cabello, Tareck El Aissami, Jorge Rodríguez o Nicolás Maduro entre otros, reconocidos mundialmente como narcoterroristas y delincuentes se victimizan permanentemente como honorables luchadores sociales.

El narcotráfico cortó de un solo tajo una generación de honestos líderes políticos colombianos que de haber alcanzado sus propósitos posiblemente habrían construido un país distinto.

Armando Neira / Editor de Cultura
https://www.eltiempo.com/

La fiebre del oro

Lamentablemente las grandes reservas en riquezas minerales de Venezuela en oro, diamantes, coltán, y obviamente del petróleo, han propiciado, dada la destrucción del Estado y toda su institucionalidad, un bandidaje generalizado en todos los sectores del país. Particularmente en la minería y específicamente la explotación del oro ha convertido a los estados mineros y la zona de la amazonia en tierra de nadie, donde se vive una salvaje fiebre del oro, que destruye indiscriminadamente el ecosistema de la región. Se ha convertido en una región donde reina la barbarie, donde no existen derechos humanos y donde impera la ley del más fuerte. Bandas internacionales de todo el mundo llegan a la zona minera del oriente del país a llevarse su parte de la tajada.

José Miguel Vivanco, director para las Américas de Human Right Watch, ha denunciado las extremas condiciones de explotación existentes en las minas ilegales de oro de Venezuela, controladas por grupos paramilitares que operan con el consentimiento de las autoridades nacionales. Vivanco afirma que muchos venezolanos de bajos recursos que se ven en la necesidad de trabajar en las minas de oro debido a la crisis económica y la emergencia humanitaria en el país se han convertido en víctimas de delitos macabros cometidos por grupos armados que controlan minas ilegales en el sur de Venezuela.

En el informe presentado por Human Right Watch, se detallan testimonios de cómo los responsables de minas como las de Las Claritas, El Callao, El Dorado y El Algarrobo ejercen una violencia atroz sobre sus trabajadores en caso de no cumplir con las normas establecidas, llegando incluso a matar y desmembrar en frente de otros trabajadores a quienes no han cumplido las reglas.

Un escenario surreal y macabro, como sacado de una de esas películas de horror de baja calidad, pero que es la realidad que vive una de las zonas más hermosas del país. Y es que las zonas de explotación de minerales, así como todas las fronteras no oficiales de Venezuela, según está ampliamente documentado, son controladas por bandas criminales, paramilitares y guerrilla quienes imponen su ley y mantienen verdaderas guerras armadas por el control de esos territorios.

Es del conocimiento público que, para poder salir el país, dado el cierre de las fronteras se debe pagar vacuna (peaje) a las bandas que dominen esa zona particular, de lo contrario pueden ser víctimas fatales, sin duda alguna, de dichas bandas.

Todo este coctel macabro de país, pleno de inseguridad social, económica y política, de escasez, de persecución, de insalubridad, de hambre, de vandalismo generalizado, de ausencia de ley, de destrucción del Estado en Venezuela, abrieron las puertas de par en par a una diáspora que seguirá creciendo por años, y sin esperanza cercana en el tiempo de un posible retorno.

Crónicas de una Diáspora

II

Morir en el páramo

Colombia, febrero 2020

Mariángel Román, una joven venezolana de 18 años, cargando a Emiliano, su pequeño bebé de dos meses camina por las heladas carreteras colombianas del pueblo de Silos, que está situado entre las ciudades de Pamplona y Bucaramanga en el Norte de Santander, junto a ocho miembros más de su familia. El destino de aquel grupo es la ciudad de Cali, donde todos esperan comenzar una nueva vida. Son cinco adultos y cinco menores, una familia completa que vivía en la ciudad de Valencia en el Estado Carabobo, pero que a finales de 2019 decidieron abandonar el país porque la situación económica ya les era insostenible, y luego de pensarlo por un tiempo, cargando con muy pocas cosas, y algunos escasos ahorros, emprendieron el incierto viaje.

Llegar a la ciudad fronteriza de Cúcuta luego de recorrer medio país y cruzar la frontera, fue un primer gran paso, porque salir de Venezuela en medio de la crisis y la falta de transporte no es nada fácil. En Cúcuta estuvieron poco más de un mes, hasta que se dio la oportunidad de que alguien que conocieron los transportara a la ciudad de Pamplona donde pasaron una noche en un Albergue, para después emprender camino a pie por la vía del páramo, esperando que en la carretera de vez en cuando algún buen samaritano en su vehículo les diera un aventón.

En este peregrinar por el páramo de Berlín, el inclemente frío afectó profundamente al pequeño Emiliano, que mostraba síntomas de ahogo y sangraba por la boca. Pidiendo ayuda a un camión que pasaba lograron llegar al hospital de Silos donde el personal médico trató de revivirlo por unos minutos, pero el pequeño finalmente falleció.

Según explicaron los médicos, el niño que había nacido prematuramente, presentaba un cuadro de desnutrición por mala alimentación. Esto, sumado a las condiciones del clima del páramo y el estar sometido a las largas jornadas de camino que emprendió la madre incidieron en la causa de la muerte del pequeño.

La madre y la familia fueron asistidos por miembros de la Organización Internacional para las Migraciones (OIM), el Instituto de la Caridad Universal (ICU) y otras organizaciones que hacen actividad en la zona, quienes recolectaron donativos para ayudarlos a dar sepultura al niño en la ciudad de Pamplona.

La noticia no tuvo gran trascendencia, más allá de unas

pocas publicaciones en medios web. No es el primer caso, y probablemente tampoco sea el último de un venezolano que muere en las carreteras de América buscando una vida mejor.

En Colombia y Ecuador se ha dado por llamarlos los caminantes venezolanos. Como a la familia de Mariángel, se les ve por las carreteras en pequeños grupos de tres, cuatro o más personas. Cuando se detienen a descansar o comer suelen ser más numerosos. Llevan colgada una mochila o arrastran una vieja maleta donde llevan su vida, sus vivencias y sus pesares. A veces alguien los detiene y les regala un poco de comida o algún abrigo.

Se les ha visto con bicicletas y hasta en sillas de ruedas como José Agustín López de 52 años, que en 2018 viajó en su silla de ruedas junto a su hijo por las carreteras de Colombia, con la esperanza de llegar a Bogotá para encontrar la asistencia médica que no tuvo en su país.

Sus frentes y sus mejillas se ven quemadas por el sol y el frío. Sus zapatos se ven desgastados y sus pies hinchados por los cientos de kilómetros de carretera, y algunos dejan ya ver los dedos de los pies. Llevan ropas desgarradas, abrigos y pasamontañas improvisados.

Así se ven pasar a diario cientos de venezolanos, unos días más, unos días menos, cruzando los páramos andinos colombianos que llegan a superar los tres mil metros de altura, y temperaturas incluso por debajo de los cero grados centígrados, rumbo a alguna ciudad de Colombia o de otros países de Suramérica donde esperan reunirse con algún amigo o familiar para iniciar una nueva vida.

Son muchos venezolanos atraviesan la nación cafetera para llegar hasta Ecuador, Perú, o incluso Chile o Argentina. De vez en cuando tienen la suerte de ser recogidos por algún camión que les da un aventón de algunos kilómetros y tal vez algunas horas de camino, para luego continuar su caminata.

Algunas personas de forma independiente o a través de organizaciones sociales, residentes cercanas a esas carreteras han creado refugios improvisados para brindarles descanso, agua, comida, medicinas, hospedaje temporal y algo de ropa a estos caminantes.

El Páramo de Berlín ha sido un paso obligado y temerario de los venezolanos en su búsqueda de una nueva vida, y que le ha costado la vida, según ha sido noticia, al menos a unos dieciocho venezolanos que han fallecido en la travesía, como el caso del pequeño Emiliano e incluso han sido sepultados al borde de la carretera para poder proseguir y algún día ojalá cercano, regresar a recuperar el cadáver de su ser querido.

Las historias silenciosas serán contadas algún día, pero hoy escriben lo que se vive en esas carreteras andinas.

$$* \quad * \quad *$$

Después de ser noticia de unos días, nada más sabemos de Mariángel y su familia, más allá de algunas contradicciones en la forma en que se relataba la historia en los pocos diferentes portales que publicaron la noticia. Ojalá, Cali, si finalmente llegaron, haya sido al menos un poco de lo que Mariángel Román y aquella familia de venezolanos esperaba, porque justo en ese febrero se abrían las puertas a otra calamidad más que ha golpeado a la diáspora venezolana como al mundo entero: el covid-19.

Capítulo 2
¿POR QUÉ HUYEN LOS VENEZOLANOS DE SU TIERRA?

"La libertad, Sancho, es uno de los más preciosos dones que a los hombres dieron los cielos; con ella no pueden igualarse los tesoros que encierra la tierra ni el mar encubre; por la libertad, así como por la honra se puede y debe aventurar la vida, y por el contrario, el cautiverio es el mayor mal que puede venir a los hombres."

Don Quijote de la Mancha
Miguel de Cervantes

Como he dicho anteriormente, la diáspora venezolana es un fenómeno que mostró su cara, paulatina pero tímidamente hace ya varias décadas, con esos pocos venezolanos que en los ochenta visualizaron una crisis económica que arrasaría al país y empezaron a buscar norte lejos del sur, y que en las siguientes décadas ya no serían unos pocos, sino que irían aumentando por miles progresivamente, hasta llegar a la estampida que presenciamos en el último lustro de la era del socialismo del siglo XXI. Al principio se huía de una crisis económica netamente, posteriormente, en la etapa de los 90s por la crisis social y política, y finalmente, en la etapa del chavismo, por la crisis humanitaria y lo que en definitiva es el colapso general de un país, porque durante el chavismo la gente huye de Venezuela para sobrevivir, para salvar sus vidas.

Perseguidos y refugiados

Lo que está sucediendo en Venezuela con la emigración masiva de sus habitantes es algo muy complejo. Este desplazamiento no sucede por una causa única que pudiéramos englobar en la crisis humanitaria. Buena parte de los migrantes, los más pobres, que son los más vulnerables, lo hacen por la urgencia de cubrir sus necesidades básicas. En algunos casos los miembros más jóvenes y fuertes del grupo familiar, emigran para poder enviar dinero o insumos a los que se quedan. En otros, todo el grupo familiar se ha marchado.

El hambre, dada la escasez reinante de alimentos, aunada a la hiperinflación histórica, y la precariedad del sistema de salud, obligan a los más pobres a buscar donde tener acceso al menos a lo más básico.

En las clases más pudientes, por llamar de algún modo a lo que sería una clase media, que son los que más frontalmente se enfrentan a la dictadura, se van por la escasez y por la hiperinflación que también los afecta, pero para este grupo, la carencia de oportunidades profesionales y laborales y la inseguridad reinante en el país, producto del desborde de la delincuencia, para quien existe impunidad total, son las principales razones.

Ante la necesidad extrema de abandonar lo que se había construido con trabajo, tiempo, amor y sacrificio, solo una parte de esos venezolanos es consciente de que huyen víctimas de una persecución de facto de parte de quienes ostentan el poder, de quienes por más de veinte años nos han dejado saber que quienes no se alineen a la línea de pensamiento de la dictadura chavista y acepten silenciosamente su forma de proceder política, social, económica o ideológicamente, serán perseguidos permanentemente hasta que, o se doblegen, sean encarcelados, se callen o se marchen del país. Para la dictadura venezolana de Chávez-Maduro y su socialismo del siglo XXI, no hay posibilidad de pensamiento crítico.

Los venezolanos huyen, pero no son conscientes de que realmente son **perseguidos políticos**. Los venezolanos salen en masa, pero aún no todos son conscientes, allá en ese lugar donde intentan comenzar una nueva vida, que realmente son **refugiados**[14]. Y es que no son solo perseguidos políticos los que están presos o están exiliados por oponerse de forma pública y notoria al régimen chavista, también lo son, y es mi opinión, los que huyen de la inseguridad producida por la delincuencia desbordada en el país para salvar sus vidas, puesto que muchas de esas bandas fueron armadas por la misma dictadura para arremeter contra el pueblo.

Infinidad de venezolanos han llegado a su destino ingresando simplemente como turistas, como es el caso de Chile, donde según datos de la Policía de Investigaciones de Chile, solamente en 2017 ingresaron al país 164.866 venezolanos como "turistas" que no tenían precisamente la intención de vacacionar, pues una gran mayoría presentaron solicitud de visa, y claramente los números en ese país al día de hoy, se han multiplicado.

Hay un número muy grande de personas que con menos suerte viven en campamentos improvisados en diversos lugares de Colombia, y que ya son atendidos de alguna manera por diversas instituciones nacionales e internacionales como

---

[14] **Un refugiado** es aquel que "debido a fundados temores de ser perseguido por motivos de raza, religión, nacionalidad, pertenencia a un determinado grupo social u opiniones políticas, se encuentre fuera del país de su nacionalidad y no pueda o, a causa de dichos temores, no quiera acogerse a la protección de su país; o que careciendo de nacionalidad y hallándose, a consecuencia de tales acontecimientos fuera del país donde antes tuviera su residencia habitual, no pueda o, a causa de dichos temores no quiera regresar a él".

Convención de Ginebra sobre el Estatuto de los Refugiados de 1951.

ACNUR, UNICEF[15] y la OIM[16], que brindan apoyo humanitario, alimenticio y de salud a estos venezolanos identificándolos hasta el momento propiamente como refugiados.

Estas mismas instituciones internacionales y con datos aportados por las autoridades locales nos permiten tener estadísticas claras del flujo de venezolanos en su doloroso proceso migratorio y son los números y fuentes a los que permanentemente recurro en este contexto.

La web de ACNUR reporta un crecimiento de 8.000% en la cantidad de solicitudes de condición de refugiado por parte de venezolanos en todo el mundo entre 2014 y 2020 principalmente en América, totalizando hasta el 06 de abril de 2020 unas 896,303 solicitudes. Anteriormente entre 2014 y 2018 la cifra era de apenas 414.000 venezolanos.

Anteriormente he mencionado que a la fecha abril de 2020 existen unos 5,1 millones de venezolanos que han emigrado del país, pero según Eduardo Stein representante especial conjunto de ACNUR y la OIM para los refugiados y migrantes de Venezuela del RMRP[17], se estima que para diciembre de 2020 haya unas 6,5 millones personas refugiadas y migrantes de Venezuela en todo el mundo, de las cuales casi un 85% se encontrarán específicamente en América.

---

[15] **El Fondo de las Naciones Unidas para la Infancia** (Unicef) es una agencia de la ONU con sede en Nueva York, que provee ayuda humanitaria y de desarrollo a niños y madres en países en desarrollo.

[16] **La Organización Internacional para las Migraciones** (OIM), es una organización intergubernamental fundada en 1951, que se ocupa de la problemática de las migraciones. Con sede en Ginebra, cuenta con oficinas locales en más de 100 países. Es una organización creada por tratado por los Estados soberanos, y desde septiembre de 2016 está asociada a la ONU.

[17] **El Plan Regional de Respuesta para Refugiados y Migrantes de Venezuela** (RMRP) es una plataforma que se lanzó por primera vez en 2019 como respuesta a los movimientos de población a gran escala registrados en América Latina y el Caribe como resultado de la situación política, socioeconómica y de derechos humanos en la República Bolivariana de Venezuela.

Según la Oficina Europea de Apoyo al Asilo[18], los venezolanos presentaron el doble de solicitudes en 2019 que en 2018.

Es importante saber que muchos venezolanos que cumplirían con los criterios para ser reconocidos como refugiados no solicitan protección internacional a través de los procedimientos de asilo, y optan por otras formas legales de estadía en los países anfitriones, que estiman que son más rápidas de lograr y permiten acceso al trabajo, la educación y los servicios sociales de forma expedita.

Entre tanto, cientos de miles de venezolanos se encuentran sin ningún tipo de documentación para permanecer regularmente en los países cercanos, por lo que carecen de acceso formal a los derechos y servicios básicos. Esto los hace particularmente vulnerables a la explotación laboral y sexual, el tráfico de personas, la violencia, la discriminación y la xenofobia.

Pero tanto los que son determinados oficialmente como refugiados, como los que han tenido la oportunidad de tramitar documentación y posibilidades de trabajar legalmente son víctimas que huyen y como tal son refugiados, aunque las estadísticas no los tomen como tal

Muchos refugiados y migrantes venezolanos que llegan a países vecinos son familias con hijos, mujeres embarazadas, adultos mayores o personas con discapacidad. A menudo son obligados a tomar rutas irregulares, corriendo el riesgo de ser víctimas de traficantes, tratantes y grupos armados irregulares. Cada día más familias llegan con recursos cada vez más escasos y tienen una necesidad inmediata de documentación, protección, albergue, alimentos y medicamentos.

---

[18] **La Oficina Europea de Apoyo al Asilo** (EASO) es una agencia de la Unión Europea establecida en virtud del Reglamento (UE) nº 439/2010 del Parlamento Europeo y del Consejo. La EASO se creó con el objetivo de reforzar la cooperación práctica en materia de asilo y asistir a los Estados miembros en el cumplimiento de la obligación a nivel europeo e internacional de otorgar protección a la población afectada

La acogida en países como Argentina, Brasil, Chile, Colombia, Costa Rica, Ecuador, México, Panamá, Perú y el sur del Caribe han sido de gran generosidad, pero cada día están más sobrecargados, al punto de la saturación.

Emigrar caminando por América

Las cifras y las imágenes en redes sociales y medios de comunicación, hablan de miles de personas desplazándose por diversas carreteras y ciudades de toda Latinoamérica cada día desde hace ya varios años. Muchos ya se han establecido medianamente de forma adecuada y hacen vida e incluso trabajan como un habitante más de las ciudades a donde han llegado, pero también son centenares los asentamientos de grupos en plazas, zonas descampadas y otros lugares no apropiados con condiciones nada dignas de un ser humano. Desde la dictadura venezolana se pretende que esto es mentira y que no está sucediendo, sino que son campañas internacionales contra la revolución chavista.

> En la actualidad, estamos frente a una organización del delito que es capaz de embarcar en un vuelo comercial 42 maletas con una tonelada de cocaína; de grupos armados que se enfrentan con granadas y fusiles a los cuerpos policiales; de organizaciones colectivas que son capaces de forzar la destitución del ministro que ha osado enfrentarlas.
>
> **Delito organizado, Mercados ilegales y democracia en Venezuela**
> Roberto Briceño-León y Alberto Camardiel

Huir para salvar la vida

Los venezolanos se van porque la crisis humanitaria que atraviesa el país los empuja a buscar una ruta de salvación. Atrás han quedado las escuelas, los liceos y las universidades cada día más vacías, atrás han quedado las empresas antiguamente productivas y hoy paralizadas, los centros comerciales y las pequeñas tiendas que quedaron cerradas. Se van con los recuerdos de sus maestros y profesores, modeladores de conducta y formadores de futuro; se van con los recuerdos de sus compañeros de trabajo, de los amigos de la cuadra, de sus vecinos, de sus amores. Se van con muchas cosas en la cabeza y el corazón, pero con muy pocas en su maleta y menos dinero en los bolsillos. Salen de su país, de donde muchos, sobre todo los más humildes, jamás pensaron hasta hace unos pocos años que tendrían que salir a pesar de cualquier situación. Pero todos están conscientes que huir es casi la única forma de preservar la vida.

Según la apreciación de los que hemos vivido en Venezuela y hemos padecido directa e indirectamente del desborde de la delincuencia y el crimen, vivir en Venezuela es vivir en zona de guerra, siempre con el corazón en la mano al salir a la calle sin saber si ese día regresarías vivo a casa. No hay un venezolano que no haya perdido al menos un familiar o un amigo a manos del hampa. Son pocos los que no han sido víctimas de robos o atracos a mano armada, y miles los que llevan en su cuerpo las marcas de heridas producidas en hechos de violencia criminal en su contra.

Ha incidido en la reducción de la tasa de muertes, el incremento del control territorial de las bandas armadas del crimen organizado, quienes someten la criminalidad de las bandas pequeñas o hampa común, para favorecer el usufructo de las grandes rentas del tráfico de drogas o minerales; del contrabando de gasolina o de la extorsión de las empresas.

En los últimos años, Venezuela ha liderado las cifras de muertos por asesinato en la región y en el mundo, siendo considerado uno de los países más peligrosos a nivel global. Estas tasas se han reducido ligeramente durante el último año, no precisamente por las políticas de seguridad de la dictadura como lo pregonan sus voceros oficiales, sino por efecto de fenómenos sociales como la masiva migración de venezolanos producida en el mismo tiempo, migración en la que también existe considerable número de delincuentes y perpetradores de asesinatos y secuestros; a lo que agregamos la destrucción generalizada de la actividad económica y el empobrecimiento del país, y la restricción de los horarios por la suspensión de los servicios públicos como transporte o electricidad, todo lo cual reduce drásticamente las oportunidades para el crimen.

Tierra de Pranes[19]

En Venezuela, según organizaciones internacionales, se calcula que existen al menos 110 poderosas bandas criminales, la mayor parte de ellas en lo que es la gran Caracas, y en su mayoría afectas ideológicamente al régimen chavista, el cual incluso les ha proporcionado armas de diversos calibres en el pasado. Estas bandas controlan grandes territorios y en algunos casos existen acuerdos púbicos aprobados por las autoridades de territorios llamadas zonas de paz[20], que son zonas

---

[19] **El pranato** (preso rematado, asesino nato) es un fenómeno delincuencial que surgió durante la revolución bolivariana y el gobierno de Hugo Chávez en las cárceles venezolanas. Un pran es un líder criminal que mantienen el control de un penal, ya sea una cárcel, prisión o sitio de reclusión de un grupo de reos condenados o en espera de una condena y en muchos casos apenas en espera de un juicio. El pranato ha generado una cultura alrededor de la ilegalidad y violencia en las cárceles venezolanas. Los pranes viven a sus anchas y tiene control de los penales, algunos teniendo incluso plantaciones de marihuana, campo de golf, piscina, restaurantes, panadería, tiendas para mascotas, expendios de drogas, motocicletas, gimnasio, parque infantil, arsenales de armas a disposición y discoteca entre otras extravagancias.

[20] **Las zonas de paz** es un eufemismo que reciben las zonas en Venezuela delimitadas por el gobierno nacional donde los funcionarios policiales no pueden ingresar para realizar operativos, a cambio de que los delincuentes de la zona no cometan crímenes. Las zonas de paz han aumentado el nivel de delincuencia, robos, asesinatos, secuestros y extorsiones, ya que los responsables no pueden ser aprehendidos por la policía mientras estén dentro del perímetro restringido para los funcionarios.

donde existe pacto de no agresión entre el gobierno y las fuerzas del orden y donde impera la ley de estas bandas.

Durante el mes de abril de 2020, una verdadera guerra entre la banda del Wileixis[21] y la del Gusano, mantuvo a Caracas en pánico mientras se disputaban a fuego cruzado durante cinco días, el dominio de Petare, uno de los barrios más poblados de Venezuela, pues alberga unos 700mil habitantes.

Aunque pareciera algo absurdo, es público y notorio también, que desde dentro de algunos centros penitenciarios del país, estos pranes también tienen control de algunas regiones del país. Esta situación y las estadísticas de muertes violentan en el país, no deja lugar a dudas que hoy por hoy, Venezuela sea catalogada como el país más peligroso del mundo.

Particularmente, el Observatorio Venezolano de Violencia[22], (OVV) en su informe para el año 2019, estimó que en Venezuela hubo unas 60.3 muertes violentas por cada 100 mil habitantes, lo que es diez veces superior a la media mundial anual. Previamente, para 2018 la OVV había reportado unas 81.4 muertes por cada 100 mil habitantes.

Para tener una visión más real, echemos un vistazo a las siguientes tablas, donde se aprecia la evolución de los números de muertes violentas en Venezuela desde el año 1985 hasta el 2019.

---

[21] **Wilexis**, es un criminal, narcotraficante y pran venezolano, máximo líder de la delincuencia en Petare, que junto a su banda delictiva se encuentra en conflicto armado contra otros líderes criminales locales y autoridades policiales y militares de Venezuela, entre ellas CICPC, FAES, SEBIN, PNB, BAE, CONAS7 y la Guardia Nacional Bolivariana (GNB)

[22] **El Observatorio Venezolano de Violencia**, es un organismo creado el año 2005 por el Laboratorio de Ciencias Sociales (LACSO) de Venezuela, que se propuso construir un Observatorio de Violencia con el fin de obtener información precisa sobre el fenómeno de la victimización y la percepción de inseguridad en Venezuela, dadas las restricciones que para el momento había para periodistas y académicos, en el acceso a la estadística oficial de "casos conocidos" de violencia registrados por la policía.

Muertes violentas en Venezuela 1985-2019

Año	Tasa por 100mil/h	Total de muertes
Periodo presidencial de Nicolás Maduro (2013-2019)		
2019	60,3	**16.506**
2018	81,4	**26.047**
2017	89	**26.616**
2016	91,8	**28.479**
2015	90	**27.875**
2014	82	**24.980**
2013	79	**24.763**
Periodo presidencial de Hugo Chávez (1999-2013)		
2012	73	**21.692**
2011	67	**19.336**
2010	57	**17.600**
2009	54	**16.047**
2008	52	**14.589**
2007	48	**13.156**
2006	45	**12.257**
2005	37	**9.964**
2004	37	**9.719**
2003	44	**11.342**
2002	38	**9.617**
2001	32	**7.960**
2000	33	**8.022**
1999	25	**5.968**

Muertes violentas en Venezuela 1985-2019

Año	Tasa por 100mil/h	Total de muertes
Periodo presidencial de Rafael Caldera (1994-1999)		
1998	20	**4.550**
1997	19	**4.225**
1996	22	**4.961**
1995	21	**4.481**
Periodo presidencial de Ramón J. Velázquez (1993-1994)		
1994	22	**4.733**
Periodo presidencial de Octavio Lepage (1993-1993) **Periodo presidencial de Carlos Andrés Pérez (1989-1993)**		
1993	21	**4.292**
1992	16	**3.366**
1991	13	**2.502**
1990	13	**2.474**
1989	13	**2.513**
Periodo presidencial de Jaime Lusinchi (1984-1989)		
1988	09	**1.709**
1987	08	**1.485**
1986	08	**1.501**
1985	09	**1.675**

Fuente: Observatorio Venezolano de Violencia, sobre cifras oficiales

Tasa de homicidios en Latinoamérica y el Caribe en 2019

País	Tasa
Venezuela	60,3
El Salvador	36
Jamaica	47,4
Honduras	41,2
Colombia	25,4
México	27
Brasil	19,7
Trinidad y Tobago	37,3
Belice	33,5
Guatemala	21,5
Pto Rico	20,1
Panamá	11.2
Costa Rica	11
Uruguay	9,8
R. Dominicana	9,5
Perú	8,5
Nicaragua	7,5
Ecuador	6,7
Argentina	5
Chile	2,6

Fuente: insightcrime.org/[23]

---

[23] **InSight Crime** es una fundación dedicada al estudio de la principal amenaza a la seguridad nacional y ciudadana en Latinoamérica y el Caribe: el crimen organizado. Conformado por un grupo multinacional y multidisciplinario de reporteros, investigadores y analistas en Colombia, México y Estados Unidos, respaldados por el Centro para Estudios Latinos y Latinoamericanos de la American University, financiados por la Open Society Foundation, la Embajada

A pesar de la evidencia clara del delito organizado en Venezuela, por las noticias, informaciones oficiales o el boca a boca, hasta hace algunos años, esta situación parecía ser lejana para el ciudadano de a pie, especialmente para aquel que habitaba en zonas urbanas del país, ya que en el imaginario se instalaba la idea de la existencia de grandes organizaciones que no eran cercanas, que parecían no afectar en mayor medida la cotidianidad de cualquiera de nosotros. Sin embargo, este escenario evolucionó en el tiempo, haciendo al delito organizado cada vez más visible y cercano a nuestra piel, y no solo por la influencia de los medios de comunicación, la globalización y otros fenómenos, sino porque se encuentra cada vez más presente en lo local, en la ciudad o el sector donde vivimos, actuado a través de distintas formas de delitos, mercados ilegales y, cada día, cobrando víctimas más cerca de nosotros.

Adicionalmente, es importante destacar, que ante la desproporciona avanzada de la criminalidad reflejada en las tasas de homicidios de los últimos años, es curioso y lamentable descubrir que la impunidad ante el crimen fue aumentando en la

Británica en Colombia, el Centro de Investigación para el Desarrollo Internacional de Canadá y el gobierno de Suecia.

misma proporción desde la llegada de Chávez al poder, según podemos observar en la siguiente gráfica comparativa, que muestra cómo mientras los homicidios aumentaban cómo en el tiempo, las detenciones oficiales por homicidio se reducían comparativamente año tras año.

Fuente: Observatorio Venezolano de Violencia, sobre datos del CICPC

(…) la corrupción es un instrumento idóneo para el crimen organizado y para el desarrollo e implantación de sus métodos en sistemas políticos y económicos, en instituciones financieras, policiales o judiciales con el fin de conseguir mayores espacios de impunidad para las redes criminales que las practican (…)

El gran saqueo: Quiénes y cómo se robaron el dinero de los venezolanos
Carlos Tablante y Marcos Tarre, 2013

Este desborde irracional e insostenible de la delincuencia y el crimen organizado en el país, en asociación pública y notoria con la dictadura venezolana, impulsan sin duda alguna la migración forzada de esos miles de venezolanos a cualquier horizonte, que buscan escapar de esta guerra donde son perseguidos de forma indiscriminada y donde son víctimas acorraladas de esa asociación del Estado y el crimen organizado. Es una persecución sin tregua sistemática y sin tregua.

Persecución Política

Además de todo lo anterior, una gran mayoría de la población esta abiertamente opuesta a la línea de pensamiento de la dictadura chavista, lo que los hace objeto de la persecución política de la dictadura. En cuanto más fuertes y abiertas son sus posiciones, sus críticas o sus acciones en contra de la tiranía, más clara y evidente es la persecución y el acoso por parte de las autoridades del régimen.

Los métodos y tácticas utilizadas para todas sus acciones por la dictadura chavista siempre conllevan elementos ocultos y macabros. Si bien niega la crisis migratoria, desde el poder se hace gran presión para que todo aquel que tenga opiniones contrarias a la línea ideológica del chavismo se marche del país, y así lo vociferan permanentemente los líderes chavistas como Diosdado Cabello y el mismo dictador Maduro. En Venezuela no hay la mínima oportunidad para el que piense diferente. Los que son abiertamente opositores en cualquier momento serán acusados de conspiradores, de traidores a la patria y como tal podrán ser detenidos y ser acusados de hechos que no han cometido. De modo que se les va acorralando para que o se alineen al pensamiento o se marchen del país.

Particularmente la Ley contra el Odio[24], permite a la dictadura investigar, detener y enviar a la cárcel a cualquier venezolano por el simple hecho de ser abiertamente opositor o salir a protestar. Y es que opinar contra la dictadura en redes sociales o cualquier

---

[24] **La Ley Constitucional contra el Odio, por la Convivencia Pacífica y la Tolerancia**, conocida simplemente como Ley contra el Odio, es una ley aprobada por la Asamblea Nacional Constituyente de Venezuela el 8 de noviembre de 2017. Está diseñada para penalizar la disidencia política tipificándola como delito, y estableciendo restricciones a la libertad personal y promoviendo tanto la censura como la autocensura.

medio de comunicación social es un delito tan grave como robar o matar a alguien, y los cargos son bien complejos.

Definitivamente se puede afirmar que muchos de los que huyen son en la realidad perseguidos políticos, aunque estos mismos no tengan conciencia plena de ello, pues a ciencia cierta están huyendo de la santa inquisición chavista.

La tortura para persuadir

Sin negar que antes del chavismo hubo aplicación de la tortura como método de represión o para obtener información, con el advenimiento de Chávez al poder, gradualmente retornó el uso y abuso de la tortura por parte de los entes de seguridad e inteligencian y contrainteligencia de la dictadura, como el SEBIN, el DGCIM, la guardia nacional y otras instituciones, en la que participan activamente además elementos cubanos y miembros de los colectivos armados creados por el chavismo para atacar y neutralizar a los factores de oposición por la vía del terror.

Según un estudio de la organización Provea[25] entre los meses de enero y septiembre de 2019, en los primeros 9 meses del año se denunció a nivel nacional un total de 34 casos de torturas que incluyeron a 554 víctimas individualizadas de este delito contra los derechos humanos, cifra que constituye un aumento de 508,25% en el número de víctimas contabilizadas, respecto a los 12 meses del año 2018 cuando fue registrado un total de 109 personas afectadas por torturas.

En fin, los venezolanos huyen de la crisis humanitaria, de la crisis económica y política, de la crisis social, de la inseguridad,

---

[25] **El Programa Venezolano de Educación Acción en Derechos Humanos** (Provea) fue creado en Caracas el 15 de octubre de 1988 como una organización no gubernamental con énfasis en los llamados Derechos Económicos, Sociales y Culturales (DESC), sin dejar de lado la interdependencia e integralidad del conjunto de derechos humanos. https://www.derechos.org.ve/

huyen en busca de mejores condiciones de vida, huyen de la persecución que ha declarado el gobierno contra los que no piensan igual.

Mecanismos de control del chavismo

La dictadura venezolana durante sus dos décadas ha manejado diversos métodos e instrumentos de segregación, control, presión y manipulación de los ciudadanos en todos los aspectos de la vida común, como política, económica y social. El principal elemento de control y manipulación hoy en día es el conocido carnet de la patria.

Pero el primer instrumento de persecución política y segregación, sin precedentes en Venezuela, fue la abominable lista de Tascón, creada en 2003 y que se utilizó contra quienes firmaron solicitando la revocación del "comandante", en clara vulneración de sus derechos humanos como ciudadanos. El mismo Chávez reiteradamente dio connotación de "antipatriotas" a quienes suscribieron la solicitud para impulsar su salida del poder por la vía del referéndum.

> "Los que firmen contra Chávez, en verdad no están firmando contra Chávez (...). Los que firmen contra Chávez estarán firmando contra la patria, contra el futuro"
>
> **Hugo Chávez, 2003**

La Lista Tascón no solo sirvió para discriminar a funcionarios que fueron despedidos de cargos públicos por firmar a favor de la salida de Chávez del poder, sino que fue base estratégica para lograr que el llamado "comandante Chávez" tuviera ventaja en dicha consulta popular, y que posteriormente evolucionó en la lista de Maisanta, que era la herramienta obligatoria de todo funcionario chavista al contratar cualquier tipo de personal. Si estabas en la lista de Tascón o en la lista de Maisanta, no podías ser contratado para ningún cargo o función en ningún ente o empresa del gobierno o relacionada a este. Curiosamente, esta lista creada y alimentada durante los años 2003 y 2004 aún está en línea en internet y puede ser consultada por cualquier persona.

El Carnet de la Patria

El 29 de diciembre de 2016, Nicolás Maduro presentó el Carnet de la Patria, una tarjeta electrónica que serviría inicialmente para racionar y distribuir la comida vendida por los Comités Locales de Abastecimiento y Producción (CLAP) y las misiones sociales en Venezuela". Se trata de un documento de identificación que incluye un sistema de códigos QR-Quick Response Code (código de respuesta rápida) que permite registrar el estatus socioeconómico de los beneficiarios y agilizar el sistema de las misiones bolivarianas.

Este sistema realmente permite a la dictadura otorgar beneficios gubernamentales solo a quienes se registren y se digan partidarios de sus políticas e ideología. El carnet es utilizado para recibir las bolsas de alimentos del CLAP, bonos y otros beneficios, e incluso es requerido para poder viajar, recibir atención médica o para ejercer el derecho al voto.

Organismos de inteligencia y persecución

La dictadura utiliza al PSUV (Partido Socialista Unido de Venezuela), las misiones, el frente Francisco de Miranda y las UBCH (Unidades de Batalla de Chávez) para realizar inteligencia y espionaje en todo el país en su cacería de opositores, conspiradores y traidores. Los colectivos y la milicia bolivariana son utilizados como fuerza de choque para detener y dispersar protestas en base al terror. Los organismos de inteligencia y seguridad del Estado como el SEBIN, el FAES, la PNB son cuerpos de seguridad que en realidad le permiten a la dictadura identificar, perseguir, torturar y asesinar a individuos que no comulgan públicamente con sus ideas, según se refleja en diversos informes y estudios de reconocidas instituciones y ONGs nacionales e internacionales continuamente y que hemos ido mencionando en este texto.

> Tenemos que hacer planes para la libertad, y no solo para la seguridad, por la única razón de que solo la libertad puede hacer segura la seguridad.
>
> **Karl Popper**

Exportando delincuencia y crimen

Junto al crecimiento de la diáspora venezolana en el mundo, y como efecto colateral, se ha producido una exportación también importante de la delincuencia en forma de hampa común a otros países de la región, dada la reducción considerable de las oportunidades para el crimen y del control de los poderosos grupos de delincuencia organizados que los elimina o los obliga a someterse a su control, aunado a la persecución y represión brutal durante el último año, de la fuerza del orden del régimen en los barrios contra los grupos criminales de las barriadas pobres.

Durante la estancia en el poder de Hugo Chávez y Nicolás Maduro se han implementado de forma completamente ineficiente unos 22 planes de seguridad para enfrentar el desborde de la delincuencia común y organizada, que de forma directa o indirecta la misma dictadura ha propiciado con la distribución incontrolada de armas en barriadas a colectivos y grupos civiles armados de choque de la dictadura para la defensa de la revolución.

En los últimos 21 años de chavismo no ha habido una política coherente de prevención del delito y de aplicación de justicia pese a los planes mencionados.

Según uno de los informes de Michelle Bachelet del año 2019, "la acción de la represión del delito por parte del Estado se ha limitado al exterminio de los delincuentes" sin un plan coherente o estratégico sustentable en el tiempo. Los últimos planes se han reducido a la creación de comandos integrados por matones y pistoleros con la intención de exterminar bandas puntuales que se le han salido de control a la dictadura.

La Gestapo Venezolana.

La nueva modalidad policial es "torturar, amenazar de muerte o asesinar a los delincuentes" por parte de grupos comandos como las temidas Fuerzas de Acción Especiales[26] (FAES) que se disfrazan de negro con insignias que muestran calaveras.

Mediante el terror y el ajusticiamiento a sangre fría, los comandos FAES buscan forzar a los habitantes de los barrios populares a emigrar del país. Hasta finales de 2019 habían emigrado unos 4,7 millones de venezolanos y la ACNUR proyectaba que alcanzaría los 6 millones en el 2020.

"La inmensa letalidad policial se ha convertido en un factor relevante en la reproducción de la violencia en el país. Las muertes provocadas por los policías se mantienen en niveles extremadamente altos, registrándose en 2019 un promedio de 14,5 personas muertas cada día del año a manos de los cuerpos de seguridad", añade el informe.

Los dos informes de la Alta Comisionada de los Derechos Humanos de la ONU, Michelle Bachelet, durante 2019, han recomendado al régimen de Nicolás Maduro la eliminación de las

---

[26] Las **Fuerzas de Acciones Especiales** (FAES) es un comando de la Policía Nacional Bolivariana (PNB) de Venezuela, creado en abril de 2016 en el marco de la crisis nacional. Entre mayo y noviembre de 2017, de los 403 homicidios en los que participaron los cuerpos de seguridad del Estado en el Área Metropolitana de Caracas, 124 (31%) fueron atribuidos a las FAES, que a su vez son las responsables de 62% de las muertes cometidas por la PNB. Las FAES han sido señaladas de ser un instrumento político del presidente Nicolás Maduro, así como recibir acusaciones de ser un grupo de exterminio y represión a opositores. El general retirado del ejército venezolano Carlos Peñaloza Zambrano tachó a las FAES de ser la «Gestapo venezolana». --->> https://es.wikipedia.org/

FAES, por violar los derechos de las zonas populares.

Esta historia continuará

Un escenario nada halagador en ningún aspecto de la vida, para quienes padecen la Venezuela chavista del socialismo del siglo XXI. La diáspora venezolana del siglo XXI, es la consecuencia de este ataque atroz y sistemático de la dictadura contra todo un pueblo. Los que hemos escapado de esta debacle, miramos con dolor como el régimen sigue destruyendo sin piedad lo poco que queda en pie en el país, y como la persecución es cada día más fuerte, y los métodos de tortura más sangrientos, en un espiral de violencia que no parece tener límite ni final.

El venezolano de a pie, el que se continúa en Venezuela, aunque se mantenga en la lucha, tiene claro que o se doblega ante la dictadura, o solo tiene algunos posibles destinos: morir a manos de la delincuencia organizada, morir a manos de los escuadrones oficiales del régimen, morir de hambre, o huir del país a cualquier lugar que esté tras las líneas divisorias de la frontera. Aquí, me detengo a hacer un homenaje a todos los que están aún allí en Venezuela, en la lucha, sin agachar la cabeza.

El panorama del éxodo venezolano es en harto complicado, como complicada es la situación de crisis mundial de migración, cuando la realidad nos da cuenta de caravanas de miles de personas en Centro América dirigiéndose a Estados Unidos en 2018, 2019 y que continúan en 2020 apaciguadas por la crisis del COVID-19; en Europa miles de seres humanos murieron en las aguas del Mediterráneo durante 2016, provenientes de continente africano, de Túnez, de Malí y de otros países, tratando de ingresar a países europeos como Italia, España o el Reino Unido, huyendo de la crisis y los conflictos armados y sociales que afectan a sus países de origen. Además, las estadísticas de ACNUR, nos revelan un número de refugiados y desplazados en el mundo que superan los 70 millones de personas para principios de 2020.

En fin, ante la comunidad internacional y las organizaciones internacionales somos un problema grave, pero al final de cuentas un problema más. Por tanto, cobra vital importancia que todo aquel que pueda levantar su voz al mundo, por la vía que sea, lo haga. Con mayor o menor fuerza cada voz tiene un gran valor en el concierto internacional y de eso depende la visibilidad global de nuestra catástrofe.

Olas de emigración venezolana, siglo XXI

Año	Contexto	Perfil del emigrante
Primera ola 2002	– Huelga del sindicato de Petróleos de Venezuela S. A. (PDVSA) – Despidos masivos de entre 17.000 y 22.000 trabajadores – Golpe de Estado en abril	– Clase alta y media alta – Tecnócratas y funcionarios
Segunda ola 2007	– Referéndum por la reelección indefinida – Frecuentes expropiaciones de tierras y de empresas privadas en sectores clave de la producción nacional – Estatización de ciertos canales de televisión contrarios al régimen – Inseguridad jurídica de la propiedad privada	– Fuga de capitales – Emigración de empresarios de grandes y medianas empresas nacionales para recolocar sus negocios y capitales en Estados Unidos o Europa
Tercera ola 2013	– Fallecimiento del presidente Hugo Chávez – Elecciones: Nicolás Maduro es elegido presidente de Venezuela – Empeoramiento económico: inflación creciente y devaluación de la moneda nacional	– Emigración de clase media profesional técnica y/o universitaria
Cuarta ola 2015	– Desabastecimiento de alimentos y enseres – Inestabilidad política: persecución política a opositores y a ciudadanos no simpatizantes del régimen – Violencia e inseguridad social y jurídica – Degradación de las garantías constitucionales	– Clases medias bajas en busca de trabajo e ingresos para sobrevivir

Crónicas de una Diáspora

III

Atacada por defender sus derechos

Phoenix - Arizona, febrero 2020

Milagro Arellano, una alegre mujer merideña de Bailadores, no puede evitar que sus ojos se humedezcan, mientras toma unos sorbos de café, al momento que relata la historia de porqué está en los Estados Unidos. No puede evitar que su voz se quiebre, y lo intenta, haciendo la afirmación, "reír para no llorar" porque la vida continúa.

Cuenta que ella junto a su esposo estaban al frente de la 3ra Etapa del proyecto habitacional Conjunto Residencial La Pastoreña, en la ciudad de Barquisimeto en el Estado Lara, a través de una empresa donde su esposo era gerente de proyectos y ella responsable del área de ventas.

Milagro y su familia vivían rentados en un apartamento del Conjunto Residencial, y adicionalmente era presidenta de la junta de Condominio, donde luchaba para mejorar las residencias y tramitaba los permisos legales para el comienzo de la nueva etapa del conjunto.

En febrero de 2012 el terreno donde se construirían las viviendas fue invadido por un grupo de vecinos miembros de un consejo comunal y de grupos colectivos chavistas, que irrumpieron violentamente derribando las paredes. Tras la denuncia respectiva, un tribunal ordenó el desalojo de los invasores, que fue ejecutado por la policía regional, en medio de actos de violencia por parte de los invasores.

Por su liderazgo, Milagro continúo recibiendo ataques contra ella, su esposo y sus hijos, a quienes incluso, debió retirar de la escuela por las continuas agresiones de compañeros y personal de la escuela, quienes también habían participado en la invasión. Las amenazas telefónicas eran continuas, y todos sentían terror de contestar sus teléfonos, recuerda Milagro. En varias ocasiones hizo denuncias ante las autoridades.

En el año 2014 justo cuando iniciaban los movimientos de tierras para la construcción de las viviendas, nuevamente el terreno fue invadido violentamente, ahora por parte de varios consejos comunales, líderes miembros del PSUV y grupos colectivos chavistas que continuamente repetían consignas como "viva el comandante Chávez", "fuera la burguesía" o "malditos imperialistas" y otros improperios. En esta oportunidad las acciones fueron más violentas y las agresiones contra los vecinos permanentes. Lanzaban objetos y hacían disparos hacia las viviendas. Mantenían fuertes ruidos y continuamente circulaban motorizados gritando consignas vulgares contra los residentes. En las residencias los niños dormían en el suelo por miedo a los disparos mientras los adultos permanecían de guardia, alerta ante las acciones de aquellos vándalos.

En esta oportunidad las denuncias no tuvieron resultados pues, aunque un tribunal ordenó el desalojo de los invasores, los organismos de seguridad no podían actuar por una pugna entre la gobernación que era opositora y la gobernación paralela impuesta por Chávez. Tan solo enviaron algunas unidades y efectivos de la policía del Estado para tratar de proteger a la comunidad de los violentos invasores, que actuaban con total impunidad, pues estaban apoyados por autoridades chavistas.

Se tenía conocimiento que esta invasión ilegal como muchas otras en el país eran permitidas e incluso manejadas por altos dirigentes chavistas que manipulaban las autoridades para que no actuaran apegados a la ley.

Milagro se convirtió en la voz pública de la comunidad, al presentarse a exponer su caso ante la radio, la televisión y otros medios de comunicación.

Entre tanto, los ánimos se iban caldeando entre los dos grupos rivales, quienes defendían su derecho a la propiedad y la justicia, y los oportunistas que esperaban que el gobierno que dice tener a los pobres como prioridad, expropiara ese terreno y les construyera sus viviendas.

En ese ambiente y fuera de los espacios en conflicto, resultan asesinados en extrañas circunstancias, dos jóvenes miembros de la comunidad de invasores, que se pudo conocer que mantenían récord criminal y habían sido asesinados por presuntos ajustes de cuentas.

Este hecho le dio ingrediente adicional de violencia a la situación, pues los invasores manipularon los crímenes para atacar a los vecinos de La Pastoreña y acusarlos de asesinos, afirmando que los asesinatos ocurrieron durante las manifestaciones. Estos promovieron protestas en diferentes áreas de Barquisimeto con carteles y grafitis en las calles que decían: Milagro Asesina. En varias ocasiones la vivienda de Milagro fue atacada con disparos por desconocidos.

Los invasores fueron visitados por una comisión de la Asamblea Nacional quienes los apoyaron y levantaron un informe viciado y pleno de calumnias en contra de Milagro, su esposo y sus hijos, sin una investigación profunda y justa de los acontecimientos.

Finalmente, acusada de ser autora principal de los asesinatos e instigadora de violencia, Milagro junto a su esposo y sus hijos, apoyados por sus hermanas en los Estados Unidos, decidieron huir del país, para evitar ser acosados, perseguidos, detenidos por las autoridades chavistas, o asesinados por algún colectivo, sin tener una oportunidad justa de defensa ante las acusaciones forjadas contra ellos.

En los Estados Unidos, Milagro y su familia tienen una solicitud de asilo pendiente y han tenido que adaptarse a un nuevo estilo de vida, otro idioma, un clima diferente y tomar empleos en actividades que nunca habían realizado. Aun así, viven con la tranquilidad de ser libres y de tener oportunidades de desarrollarse personal y profesionalmente, pero con los recuerdos y añoranzas de una vida en Venezuela.

Esta es la historia común de muchos venezolanos que viven ahora en los Estados Unidos y otros países, que han tenido que huir de Venezuela para salvar sus vidas y su libertad, por defender sus derechos, expresar su opinión o denunciar los abusos de la dictadura chavista.

—Y al final, el terreno por el que casi nos matan, está abandonado. —dice Milagro, mientras suelta un suspiro.

Capítulo 3
¿Cuándo Regresarán los venezolanos?

Esta es una pregunta que surge constantemente cuando me identifico como venezolano en el exilio, y a simple vista pareciera fácil la respuesta. Quien pregunta espera oír: en un mes, en seis meses o en un año, pero generalmente la respuesta es una incógnita mayor a la inicial.

Los venezolanos estamos dispersos por el mundo, y podríamos afirmar que no hay un rincón del planeta donde no haya llegado un venezolano huyendo de la situación que atraviesa la tierra de Bolívar. Muchos salieron con la idea de retornar en algún momento no muy lejano, cuando termine la catástrofe; otros partimos como en una aventura con la idea de echar raíces más allá del horizonte. El tiempo pasa, y aun hoy surge la pregunta, ¿tendremos la oportunidad de volver?, ¿Cuántos de los que salimos regresaremos? Y ante la situación tan incierta, la duda crece y se hace más fuerte cada día.

Los más estudiosos siempre han repetido que las estadísticas no fallan, y por eso es una ciencia vital para analizar cualquier fenómeno de cualquier tipo en el universo, y por eso siempre es importante recurrir a ellas. Y precisamente las estadísticas de retorno de las diásporas en el mundo han estado en el mejor de los casos alrededor del 20 al 25 por ciento del total personas que salió formando parte de una diáspora, como en el caso de Albania, según lo reitera el investigador Miguel Ángel Santos[27]. Tal vez es muy temprano en el tiempo para analizarlas a todas, pero por ahí van los tiros.

El Tiempo va pasando

Por otra parte, este retorno está directamente relacionado con la permanencia en el tiempo de la causa que motivó e impulsó esa diáspora. Si revisamos, en el caso de Latinoamérica a la diáspora cubana, luego de más de 60 años de una brutal dictadura comunista, hermana mayor de la dictadura chavista que tiraniza a Venezuela, vemos que la causa aún persiste y el retorno no está ni mucho menos cercano, más aún, la personas siguen escapando de la isla. La tasa de retorno en este caso está cercana al cero por ciento. Nada halagador ni optimista este primer panorama.

En el caso particular de Venezuela, la causa que produjo la diáspora esta aun provocando estragos en el país, y no se vislumbra una salida cercana en el tiempo. El chavismo destruyó absolutamente el Estado y sus instituciones y tiene poder absoluto, y dado que no es un grupo político particular quien ostenta dicho poder, sino una banda de delincuentes y mafiosos, ligados al narcotráfico, al terrorismo internacional y a la dictadura cubana, que juegan con las herramientas

---

[27] El Prof. Miguel Ángel Santos, es un reconocido analista, investigador, economista, administrador venezolano, profesor en Harvard, en la Universidad de Barcelona y en otras reconocidas instituciones a nivel mundial.

diplomáticos a conveniencia, y se aferran al poder con la fuerza de las armas, la mentira y la trampa, no hay mecanismos convencionales para despojarlos de ese poder por vía pacíficas. Por ende, el retorno de la diáspora venezolana no tiene fecha cercana en el tiempo, y lo digo esperando profundamente estar equivocado.

Nuevos arraigos

Continuando con el factor tiempo, y según coinciden algunos expertos, el retorno de una diáspora obviamente también va a estar relacionado directamente al tiempo que transcurra entre la fecha de salida de un individuo o grupo familiar y la fecha del posible retorno. A medida que el tiempo avanza, las probabilidades se van reduciendo. Luego de uno a cuatro años tal vez, es probable emprender el regreso, pero de ahí en adelante la cosa cambia. Se forman nuevas familias, esas familias crecerán, los hijos se arraigarán e incluso se va aprendiendo a amar una nueva tierra, nuevos amigos, nuevos vecinos, costumbres, etc.

Los primeros años, todos lo tenemos claro, por lo general son muy difíciles, pero luego normalmente vienen etapas de superación, en algunos casos más rápidos que otros, y lamentablemente no hay forma de determinarlo, no existe una fórmula mágica ni mucho menos para lograrlo, pero en la mayoría de los casos hay un progreso considerable.

Podemos encontrar muchas historias de emigrantes exitosos llenas de coraje y de heroísmo. Pero también muchas otras de individuos o grupos que se sienten estancados o fracasados en el exilio. Particularmente durante el 2020 durante la crisis del COVID-19, muchos de los que recientemente habían emigrado sintieron el terror ante la posibilidad de morir tempranamente lejos de su tierra, en medio, además, de una cuarentena que los trasladó emocionalmente a la tierra de la que huyeron.

Lo cierto es que un gran porcentaje de estos individuos que

logran superar dificultades que van desde el idioma, el clima, un empleo digno o un emprendimiento propio, e incluso relaciones sentimentales, no considerarán el regreso como una alternativa.

Y aunque hay situaciones particulares que podrían propiciar un retorno, de algún modo forzado, como lo que ha sucedido en países de Suramérica, específicamente Chile, donde han ocurrido aparentes explosiones sociales espontáneas que han conmocionado al país y a la región, o el caso mencionado de la pandemia del COVID, y ante el miedo pequeños grupos de venezolanos han decidido regresar, afirmando que de estar mal, prefieren estar en su país, pero nunca los números serán mínimamente considerables comparados con la estampida de la salida.

En Venezuela se han perdido prácticamente dos generaciones, y hoy por hoy está en peligro la niñez que en su desarrollo no cuenta con los nutrientes necesarios para poder evolucionar física y mentalmente de forma sana.

Aquí llegamos a un punto importante en cuanto al tiempo. Como ya lo mencioné, la causa principal de la diáspora venezolana iniciada progresivamente hace más de 20 años no tiene aún fecha de caducidad, y más bien amenaza con sostenerse unos cuantos años más. Adicionalmente, creo que todos estamos conscientes que una vez que se logre la reconquista de la democracia en el país, por la vía que sea, la recuperación de este iniciará con un proceso de transición muy lento, pues el daño producido en Venezuela es muy profundo. La infraestructura para muchos es tal vez lo de menos, pero la recuperación emocional, cultural, social, moral y ética será muy lenta.

También pudiéramos agregar, y considerar las distancias recorridas por los migrantes hasta su destino, cuando más lejos, menor es la probabilidad de un posible retorno. Obviamente esto no es algo categórico, pero obedece a lo observado en otras experiencias de migraciones similares, claro está que ante eventos de fuerza mayor nuestra afirmación no sería tan válida, y aquí podríamos precisamente mencionar a todos aquellos europeos que llegaron a Venezuela a mediados del siglo pasado y luego de toda una vida en el país, se vieron obligados a regresar, no con poco dolor, a su patria original.

Algo también interesante de mencionar acá, es que una buena parte de los migrantes, realmente regresan al origen de sus antepasados, sus padres, abuelos o tatarabuelos que vinieron a Venezuela de diversos países de Europa o América, Asía o África. Para ellos sembrar raíces en esas tierras es un tanto más fácil porque hay una carga histórica, filial y emocional que abona ese nuevo arraigamiento.

> Tal vez viendo las cosas como las estamos exponiendo, deduzcamos que solo un pequeño puñado de venezolanos regresará, o querrá regresar o podrá regresar. Pero es que simplemente tratamos de ver los hechos. Aun así, quien escribe este texto, desearía profundamente que las cosas no fueran así, y que pronto, hubiese una estampida de retorno de paisanos tan grande como la que tuvo que huir a buscar una mejor calidad de vida. Yo soy el primero que quisiera estar equivocado en lo que opino y afirmo.

El hecho de que los venezolanos no lleguemos a retornar totalmente a nuestro país no implica que perdamos nuestra identidad como venezolanos, más bien amplía nuestra identidad, como es la experiencia en todas las diásporas conocidas al día de hoy, pues a nivel individual, la experiencia de una diáspora implicará en un momento, un doble emplazamiento, es decir, tener dos hogares, uno que sería el país de origen y otro, que es el lugar actual donde nos estamos arraigando ahora. El hogar que entonces reciba más énfasis en nuestra identidad como individuos variará, de acuerdo con el medio, áreas de actividad y comunidades específicas donde se haga vida.

Ante la reconstrucción de la nación

Se espera, y lo afirman expertos e intelectuales de todo el mundo, que las inversiones internacionales en el país no se harán esperar. Los empresarios venezolanos que llevaron sus empresas y sus capitales al exterior, sin duda retornarán. Y en general diversas instituciones internacionales pondrán sus recursos y su empeño en relanzar la infraestructura y la economía del país. Al estilo de plan Marshall, una inversión multilateral de recursos se deberá poner en marcha, y entes como el Banco Mundial, el Banco Interamericano de Desarrollo, la CAF[28], el Fondo Monetario Internacional, y diversas empresas y organizaciones a nivel mundial han mencionado su disposición a participar en participar en un eventual plan recuperación para Venezuela.

Obviamente retornarán diversos profesionales, intelectuales y emprendedores de alto nivel a trabajar y ayudar al impulso del país, pero la gran mayoría de los que lograron asentarse fuera de las fronteras venezolanas, no pensarán en el retorno ante la incertidumbre de volver a abandonar lo que han construido, y sobre todo comenzar de cero una vez más.

Solamente una serie de planes y programas de incentivos serios y atractivos muy bien estructurados y promocionados, que sean desarrollados estratégicamente por quienes formen para ese momento el nuevo gobierno y sus instituciones podría hacer que los números y tasas de retorno sean considerables. Pero, aun así, cuando eso suceda, ya de una forma más madura, y con

---

[28] **La Corporación Andina de Fomento** (CAF) es una institución financiera multilateral cuya misión es apoyar el desarrollo sostenible de sus países accionistas y la integración regional. La CAF está conformada actualmente por 19 países, 17 de América Latina y el Caribe, España y Portugal, así como 13 bancos privados en la región.

la experiencia que se adquiere como migrante por el mundo en uno o varios países, los que tomen la decisión de regresar, analizarán muy bien las acciones y resultados de quienes dirijan el país en ese instante. La experiencia, de forma consciente o inconsciente ha hecho evolucionar a otro nivel, la consciencia y mentalidad crítica de los venezolanos.

Los frutos de la diáspora

Ahora bien, ante una eventual vuelta a la democracia y a una reconstrucción de la nación venezolana, el papel de la diáspora será vital, no exclusivamente pensando en el retorno masivo de los que salieron, sino por la existencia de la diáspora en sí, como ente vivo real, tal como lo ha sido vital en la lucha contra la tiranía chavista hasta la fecha. Sin la lucha permanente de la diáspora, no habría sido posible que el mundo y diversidad de entes mundiales, reconocieran que un grupo de mafiosos ha convertido a Venezuela en un narco estado terrorista que atenta contra la paz mundial.

En la actualidad las diásporas dispersas por el mundo, se están convirtiendo, más allá del proceso traumático por el cual fueron generadas, en el caso de Venezuela por la peste del Chavismo y el socialismo del siglo XXI, en entes que impulsarán el desarrollo económico, social, cultural o tecnológico tanto de las tierras a donde llegan, como de sus países de origen, porque la conexión real y directa del país con una diáspora esparcida por todo el planeta, generará más elementos positivos de lo que nos podamos imaginar.

Cuando se retome la normalidad en el país, éste ya no será el mismo, ya tendrá una consciencia colectiva diferente, una conciencia social diferente, una conciencia económica diferente. Antes, generalizando de algún modo, los venezolanos éramos una sociedad altamente profesional, bastante culta comparado con otros países de América Latina y el Caribe, comparada con países africanos o asiáticos. Hoy podemos decir que somos ciudadanos del mundo, que somos profesionales del mundo, con una visión diferente del mundo y nuestro país, aunque no seamos totalmente conscientes de ello. ¿Será que hasta que no tomemos consciencia de ello, no seremos capaces de recuperar nuestro país? Realmente no lo sé, esa es parte de la tarea.

La participación de los venezolanos en diversos ámbitos de la vida social, política, cultural, económica, religiosa de diversos países del mundo, nos debe hacer madurar como colectivo, como sociedad y es que de algún modo nos estamos convirtiendo en activos valiosos para varios estados simultáneamente.

Si bien es cierto que muchos no han tenido la suerte de ver el éxito en su experiencia como inmigrantes, existen miles de experiencias de éxito y participación activa en la vida de muchos países por parte de venezolanos o grupos de venezolanos. Médicos, arquitectos, músicos, ingenieros, escritores, economistas, políticos, en fin, en diversas áreas del quehacer vital de una nación, allí están los venezolanos cada día con mayor fuerza en todo el planeta.

Venezuela una diáspora transnacional

Al final de cuentas el tiempo pasa y la diáspora venezolana es cada día mayor, e indudablemente seguirá creciendo, y tras décadas de emigración esta diáspora ya pudiera identificarse como una diáspora transnacional pues es evidente que ya va formando parte de las fuerzas que impulsan el multiculturalismo en diversos lugares del mundo donde se han asentado los venezolanos, pero también están sus hogares en Venezuela con quien mantienen contacto, envían dinero e incluso con relativa frecuencia pueden visitar. Si en el acento mayamero se identificaba al gentilicio cubano, cierto es que en los últimos años hay zonas de Miami, que ya se sienten venezolanas, como el caso de El Doral, donde puedes encontrar arepas, cachapas, empanadas, patacones, pizca andina o hamburguesas venezolanas cada día con más facilidad, y las expresiones: chévere, no vale o vergación primo, forman parte de la jerga que se oye en las calles de forma cotidiana.

Cada día se lee con más frecuencia este término de diásporas transnacionales[29], y en cierto modo es parte de lo que venimos conversando. Luego de una migración masiva los individuos se van asentando en diversos lugares del mundo y allí van echando raíces, y se van integrando a esa nueva sociedad, pero sin perder su identidad, pues el mismo duelo por lo que han dejado los lleva a fortalecer su identidad con los pocos paisanos que tenga a su lado. La comida, forma de vestir, el acento, las costumbres, son parte de su asidero emocional a su tierra y siempre lo van a mantener, **agregando y combinando poco a poco, los elementos locales, y así**, esta identidad irá evolucionando con su identificación ahora con su nueva tierra a la que también están aprendiendo a amar, a pesar de albergar anhelos nacionalistas a distancia y apoyar materialmente a su gente y sus causas.

Las innumerables situaciones que se derivan de una diáspora transnacional han dado pie a una interrogante de alcance más amplio relativa a si la profusión de esta fenómeno señala una nueva era en la realidad social global, y algunos científicos han mencionado al respecto que se trata en efecto de una nueva era social, aunque reconocen que esos procesos no son esencialmente nuevos, sino que se han venido dando en todas las diásporas conocidas de la historia.

---

[29] **Diáspora transnacional** hace referencia a la situación en que las personas sienten que forman parte de una determinada sociedad de la que no son originarios, pero siguen unidas profundamente a aquélla de la que son originarios.

La cualidad de tener un lugar de residencia dual o triple, propia de la condición transnacional, significa para quienes viven la diáspora, un alejamiento del carácter totalizador inherente al compromiso y concepto de nación que el Estado-nación exige a sus ciudadanos. Cuando se observa en su multiplicidad la cohabitación bajo el mismo techo social de entidades socioculturales que son ajenas, a priori se da lugar a una configuración que no es igual en cada escenario, pero que sí corresponde en lo esencial a la nueva realidad que muchos experimentan en la sociedad contemporánea.

Las diásporas transnacionales: ¿una nueva era o un nuevo mito?
Revista Mexicana de Ciencias Políticas y Sociales
Eliezer Ben-Rafael

En este sentido, hoy en día, algunas organizaciones estiman que unos 244 millones de personas viven fuera de su país de nacimiento, y particularmente la mitad de ellas, unos 120 millones, nacieron en Asia. Hay gran evidencia, además, que quienes viven en el extranjero, siempre jugarán un papel importante en el desarrollo de sus países de origen, porque el intercambio económico, social, emocional, comunicacional normalmente no se detiene nunca.

Se estima que tan solo en 2015 las remesas financieras internacionales a nivel global fueron de 552 mil millones de dólares, de los cuales unos 421 mil millones iban a países de bajos y medianos ingresos.

Particularmente, hay muchos venezolanos fuera de Venezuela que se han unido y han creado organizaciones de menor o mayor envergadura para apoyar a otros venezolanos tanto en el exterior como dentro del país. Apoyo que va desde información, comunicación, y apoyo material en alimentos, ropa o medicamentos.

Venezolanos organizados

Lamentablemente, la diáspora ha creado la posibilidad a oportunistas que conforman organizaciones que más allá de pretender el apoyo de la índole que sea a los venezolanos, buscan sacar beneficio de estos, sobre todo a través de las redes sociales, obteniendo seguidores o posibles compradores de sus productos y servicios siempre con fines de lucro antes que de un real, verdadero y consistente apoyo a los connacionales.

Digo esto, porque la existencia de organizaciones que permitan generar conciencia de grupo, conservar una memoria colectiva, mantener un contacto continuo con el país y que fomente un apoyo real y efectivo entre venezolanos es vital para un impulso colectivo hacia el éxito como inmigrantes en un país desconocido. Hoy por hoy, hay miles de venezolanos en diversas ciudades del mundo, que no forman parte de ninguna organización formal de venezolanos en el exilio y que navegan solos contra viento y marea, o apoyándose más bien en individuos de otras nacionalidades para el desarrollo de sus vidas. Situación que se da, en muchos casos, por malas experiencias con ciertas organizaciones, o porque simplemente no existen iniciativas de valor y significativas que inviten de forma transparente y desinteresada a formar parte de ellas allí donde ellos residen.

Aun así, existen organizaciones que van creciendo y que son dignas de reconocimiento por la labor que realizan en apoyo de los migrantes venezolanos. Ojalá cada día se sumen más y más, y que sean más los venezolanos que se unan a ellas.

El venezolano y el latinoamericano en general, lleva la semilla de la picardía o la viveza criolla que hace que se dude a veces de sus buenas intenciones, pues algunos siempre buscan cualquier oportunidad para aprovecharse de los demás sin importar las consecuencias, en busca generalmente de un beneficio económico.

Aceptando nuestra condición de migrantes

En cualquier caso, el venezolano debe terminar de aceptar su condición de emigrante, y pensar en la preservación como colectivo, y sobre todo, ver siempre qué se puede hacer por Venezuela y por los otros venezolanos que están llegando a muchos lugares en condiciones muy precarias, sobre todo desinformados, que es lo que los lleva a cometer errores que hacen más dura la adaptación a las nuevas condiciones de vida. Un detalle tan simple como la información de cosas básicas puede ahorrar tiempo, dinero y muchos otros problemas.

Y precisamente en cuanto a ese retorno anhelado, el hecho de fomentar la unión entre los venezolanos en el exilio, el apoyo mutuo, va a permitir conservar nuestras raíces, nuestra cultura, nuestra conexión con el país. Porque solo unidos los que estamos afuera y los que aún quedan dentro podrá darse el sueño de recuperación de la democracia. Y solo unidos pudiéramos hacer que ese tiempo no sea tan largo y que muchos (pues está muy claro que no serán todos) tengan la oportunidad de volver y continuar su vida en la patria amada Venezuela.

Finalmente, más allá de divagar sobre si existirá o no un eventual retorno masivo de los venezolanos en el supuesto que se recuperé la democracia y la gobernabilidad en el país, lo que si podemos afirmar y que tiene gran importancia es que en cualquiera de los casos, la diáspora venezolana representará un soporte vital desde todos los aspectos para la reconstrucción de la nación, y para su posterior desarrollo social, económico, tecnológico, y de infraestructura, dados los lazos y tejidos de interconexiones profundas que se han creado a nivel global. La visión de sociedad, la visión de negocios, la visión política de la diáspora es ahora más global, más madura, más crítica y de cualquier manera más exigente.

Crónicas de una Diáspora

IV

Renacer en Argentina

Buenos Aires, noviembre 2020

I

María Saénz, o Conchita como le dicen todos, es una joven caraqueña, doctorada en química y especialista en espectrometría atómica. Fue docente destacada y de investigación en la Universidad Simón Bolívar de Caracas. Además, también cuenta con estudios en fotografía y producción de cine y televisión.

—A mis 37 años me vine a vivir a Buenos Aires, a muchísimos km de casa. Mi viejo, meses atrás me dijo "mi vida, sálvate tú, que esto se está hundiendo... yo me quedo acá esperándote"... —María hace un silencio y traga saliva, —ese fue el inicio de lo que hoy soy: una migrante.

—Con la ayuda económica de uno de mis mejores amigos, logré salir del lugar que me vio nacer y que ahora es el Macondo de García Márquez, muy distinto a lo que conocí, —Se lleva las manos a la garganta y continúa —aún recuerdo el nudo en la garganta que sentí y los ojos empañados de mi viejo, ese dos de junio del 2018, en el que nos dimos el último abrazo de despedida sobre la obra de Carlos Cruz Díez. "Papá espérame que Yo te vengo a buscar", le dije...

—Al llegar, comencé a dormir en un colchón inflable, que me dejaba sobre el suelo a media noche. Al principio fui bien recibida por una de mis mejores amigas, ya establecida en Argentina, pero como dicen "el muerto huele mal a los dos días". Mis primeros trabajos fueron de personal de servicio y de cuidadora de gente mayor, en los que más de una vez fui mirada con lástima, porque "che, la situación en tu país está muy difícil, ¿no?". Incluso una vez un empleador, hincha de fútbol, borracho y enojado, me echó a la calle como un perro porque su equipo había perdido por penaltis.

María nunca pensó que llegaría a trabajar de servicio, porque creía que con un doctorado bajo el brazo y una segunda carrera en cine eso era imposible. Pero no, nada es imposible para un migrante.

—Me registré en no sé cuántas páginas de empleo, con una variedad de currículums y con una cantidad de oficios y profesiones que en mi vida había desempeñado. Y nada salía. Sentí desesperanza y decidí volver a casa. —María se queda en silencio, recordando. —pero justo cuatro días antes de regresar, sonó mi teléfono, era para una entrevista laboral, en la carrera que estudié. Fui, y me contrataron de inmediato.

—Ese empleo no era lo máximo, pero agradecí todos los días por esa oportunidad que me brindó el universo.

Pasó el tiempo, se mudó sola y le contaba a su viejo todo lo que iba progresando, pero con esa nostalgia de llegar a casa sintiendo el olor rico de la cena, de sentarse a comer las arepas más ricas del mundo hechas por su padre. Tuvo que aprender, de adulta, a administrar la plata para llegar a fin de mes y si era posible ahorrar unos dolaritos. Tuvo que aprender, sobre todo, a no tener miedo a la soledad.

—Justo el día que cumplí un año en la "Ciudad de la Furia", en vez de sentirme satisfecha por haber alcanzado un nivel de crecimiento y madurez que no tenía con 38 años, sentí que me moría detrás del teléfono. Mi media hermana mayor, con la que apenas tuve contacto en mi vida, me avisó a las nueve de la mañana, que el hombre que dio su vida por mí y que yo hubiese dado la vida por él, ese ser que hacía de enfermero, psicólogo, amigo, confidente, maestro, consejero, acababa de partir de este mundo. Una peritonitis, me dejó huérfana, pero más que huérfana, me dejó sola en un mundo en el que ya me da igual estar en cualquier lugar...

Actualmente, está en un mejor lugar de empleo, en el que se destaca profesionalmente, esta rentada en un bonito apartamento, y de vez en cuando se puede dar un "gustito", y todo esto lo agradece día a día al universo.

Sin embargo, en sus pensamientos siempre está la incertidumbre de mañana, la esperanza que nunca se pierde, la añoranza por sus amigos entrañables que ahora también son migrantes, el recuerdo latente de su viejo que aflora en cualquier situación o en alguna cara ajena.

—Y al final, lo que ahora realmente me queda por las noches y es realmente mía, es la tristeza que trato de ignorar y esa soledad que no se va, no se va y no se va...

II

Mariana Velásquez, es otra joven profesional caraqueña que, ante la fuerte situación del país, y luego de estudiar varias opciones también decidió emigrar a la ciudad de La Plata en Argentina a principios de 2016 e iniciar una nueva vida.

—En Venezuela siempre participé activa e intensamente en las marchas y protestas políticas —me cuenta mientras charlamos por video llamada — de donde cada día mi madre temía que no regresara, aunque ella también me acompañaba algunas veces a esas marchas.

Publicista de profesión, con estudios de locución comercial, fotografía y doblaje de voces, amante de practicar yoga, de bailar y de hacer teatro, y por supuesto de subir al Ávila, optó por iniciar estudios de cine en la universidad Nacional de la Plata. Siempre dice entre risas que un amigo fotógrafo le recomendó estudiar dirección de fotografía en Argentina, y confieso que ese fue mi dulce pecado. Con un trabajo a tiempo completo en un bazar, ha logrado estabilizarse y mantenerse de una forma aceptable, mientras avanza en su carrera de cine.

—Al principio me sentía extraña en medio de tantos pibes en la universidad —me contaba entre risas.

No ha sido nada fácil, empezar sin apenas nada, después de haber tenido una vida hecha, con muchas actividades y proyectos, que se vieron truncados por la pesadilla de una revolución que solo ha traído sufrimientos a la mayoría de los venezolanos.

Poco tiempo después de vivir en Argentina ha entablado una relación sentimental con un compañero de estudios de cine, en una historia parece que es muy prometedora. Al menos así se siente cuando habla de su pareja.

—El cambio fue duro y aun lo sigue siendo, a pesar de que ahora puedo decir que tengo a mi familia política argentina —dice mientras se ríe y con los ojos me señala a su pareja —siempre me sentiré extranjera, no es que me haga sentir mal o bien, pero saberlo me hace anhelar volver a mi país.

Aunque uno de sus hermanos vive en los Estados Unidos, y dos hermanas están ahora en Chile, su madre, otro hermano y otros miembros de su familia aún permanecen en Venezuela sufriendo los avatares de vivir en una anacrónica revolución comunista en pleno siglo XXI.

Extraño todos los días a mi madre y lloro desconsoladamente cada tanto por no poder abrazar a toda mi familia —me reitera antes de despedirnos, para reconocer finalmente —aunque también es cierto que lloro por todo: de alegría, de tristeza, de dolor.

Como estas dos mujeres, de quienes me constan personalmente sus vivencias y sus avatares, existen otros miles de mujeres y familias que recorren las calles de Buenos Aires y otras ciudades de Argentina respirando un poco de libertad en medio de su lucha por adaptarse a esa nueva tierra y sus condiciones, y añorando, por supuesto, los aires, el clima y las calles de Caracas, y sobre todo, la vista hermosa, verde e imponente de la montaña que corona la capital venezolana, El Ávila.

Capítulo 4

PARA LA DICTADURA NO EXISTE UNA DIÁSPORA

"El que mejor ha sabido ser zorro ese ha triunfado. Hay que saber disfrazarse bien y ser hábil en fingir y en disimular. Los hombres son tan simples y de tal manera que obedecen a las necesidades del momento, que aquel que engaña encontrará siempre quien se deje engañar"

Don Quijote de la Mancha
Nicolás Maquiavelo

La dictadura venezolana permanentemente ha negado de forma categórica, que exista una crisis migratoria en el país, y ante diversas instituciones nacionales e internacionales, incluyendo la ONU se ha defendido afirmando que tal crisis es una mentira creada para hacerle daño moral, económico y político al régimen que él preside, e igualmente trata de vender la idea de que la gran crisis migratoria, ya conocida globalmente como la diáspora venezolana, es tan solo una treta, una estrategia de Estados Unidos junto a sus países aliados o satélites en el continente y el mundo, para justificar una invasión o intervención militar en el territorio venezolano.

La mentira como estrategia

Se hizo norma desde la llegada de Chávez al poder, y ahora en la era de Maduro, negar de modo absoluto, hechos y situaciones que son evidentes a los ojos de la nación y del mundo, como la crisis humanitaria, o la existencia de una gravísima crisis migratoria.

Hugo Chávez fue un maestro con honores de la mentira, la farsa y la manipulación. En sus maratónicos programas de televisión dominical y sus extensas cadenas, repetía incansablemente las mismas mentiras, logrando con ilógicas elucubraciones, convencer a sus adeptos, quienes le veneraban y le permitían todo tipo de desmanes y excentricidades retóricas e histriónicas. Bien decía Jean-François Revel[30], que la primera de todas las fuerzas que dirigen el mundo es la mentira.

Utilizando artimañas comunicacionales, Chávez mostraba y demostraba una y otra vez con "números y hechos" sus grandes obras y logros, y lograba de modo astuto transformar sus fracasos en victorias, pero la popularidad, su carisma y el caudal de dinero que manejó en los primeros años de estar en el poder, opacaban toda crítica o denuncia, aunque estuviese cimentada en pruebas irrefutables.

Chávez sembró en la política, la práctica de matar al mensajero, que no es otra cosa que vivir culpando, atacando, descalificando y persiguiendo al que trae malas noticias, en vez de buscar al culpable o atacar las causas de dicho problema. Por ejemplo, la crisis eléctrica a la que llegó el país, le fue alertada desde 2007-2008 por expertos del área e incluso de su mismo partido, aun a tiempo para tomar medidas, pero él lo rechazó y se dedicó a perseguir y a llamar saboteadores a quienes lo hicieron, de modo que jamás se ha reconocido que existe un colapso en el sistema eléctrico nacional, y se ha

---

[30] **Jean-François Revel** fue un filósofo, escritor, periodista, gastrónomo, miembro de la Academia francesa y polemista político. Dio clases de filosofía en Argelia, en el Instituto Francés de Ciudad de México y en la Facultad de Filosofía y Letras de la Universidad de Florencia durante la década de 1950

buscado culpables en supuestos sabotajes planificados por la derecha apátrida o por fenómenos naturales.

Igualmente, negó de forma fehaciente, la crisis del sector automotriz, la crisis del sector construcción, la crisis del sector alimenticio entre otras crisis, crisis que se fueron profundizando, pero que inteligentemente el caudillo, las iba sacando de la palestra haciendo mucho ruido en otro tema para que se dejara olvidada por un tiempo. Muy posteriormente, retomaría dichos asuntos, para culpar y volver a "demostrar", que la oposición y la ultraderecha con su saboteo permanente y la famosa "guerra económica" hacían colapsar tales sectores. Así, la táctica de negar, acusar y atacar siempre ha sido efectiva para los propósitos del Chavismo.

Definitivamente, cada vez que la dictadura anuncia victorias o éxitos, los venezolanos tenemos claro que el país está ante un nuevo y rotundo fracaso. Ejemplos de esto, el tiempo nos da de sobra: La crisis eléctrica nacional, la crisis alimentaria y la escasez de alimentos, la crisis de transporte público y privado, la crisis petrolera, la escasez de gasolina, la crisis educativa, la crisis del sector construcción y de vivienda, la crisis del sector automotriz, la crisis económica, el control de precios, el control de cambio y la fuga de divisas, la hiper inflación, la crisis del efectivo, la lucha contra la inseguridad personal, la inseguridad jurídica, la impunidad, la corrupción, la vialidad, todos estos son temas que en un momento han sido anunciados como éxitos y victorias por el régimen, pero en ocasiones posteriores son presentados como producto de la guerra económica y del sabotaje de la ultraderecha.

La muerte misma del caudillo Chávez, no podía escapar de esta táctica de la mentira y el misterio, de modo que hasta el día de hoy se desconoce la fecha exacta del fallecimiento del comandante, toda vez que está claro que se produjo meses antes de su anuncio oficial por parte del ahora dictador Maduro el día 5 de marzo de 2013.

Negación de la diáspora

Volviendo a tema de la diáspora, Maduro acusa permanentemente a la oposición, a los Estados Unidos y sus países satélites, y a organizaciones internacionales como la ACNUR, de crear de forma ficticia esta crisis migratoria, inflando números y cambiando estadísticas.

Maduro solo llega a reconocer, que hay un gran número de personas que han salido del país, muchos de los cuales tienen bastante dinero y se van de vacaciones o prefieren irse por sus negocios, y que otro grupo minoritario se ha ido porque han sido engañados, y motivados a abandonar el país por una feroz campaña comunicacional que quiere dañar al régimen. Afirma que los venezolanos están sometidos una guerra psicológica bien planificada, que les quiere hacer creer que deben irse del país. También afirma que son muchos los que se han tenido que regresar porque descubren que han sido engañados y han sido dejados a la deriva sin recibir la más mínima ayuda en su situación.

Plan Vuelta a la patria

Maduro incluso, permanentemente afirma que ha ordenado que se coordinen vuelos humanitarios con la línea Conviasa[31] y por vías terrestres, para repatriar a estos compatriotas que, según él, le piden ayuda para retornar al país desde países de América del Sur, por lo que se ha creado el Plan Vuelta a la Patria[32].

En octubre de 2018, Maduro decía con arrogancia en una

---

[31] **Conviasa** (Consorcio Venezolano de Industrias Aeronáuticas y Servicios Aéreos S.A.) es una aerolínea venezolana creada en 2004. Conviasa es la filial del anterior Ministerio del Poder Popular para Transporte Acuático y Aéreo.

[32] El **Plan Vuelta a la Patria**, creado por Nicolás Maduro, establece un puente aéreo y terrestre para el retorno voluntario de todos aquellos migrantes y sus familias que carezcan de medios propios para el regreso e incorpora a todos los repatriados y repatriadas a los programas sociales de Venezuela. http://mppre.gob.ve

cadena de radio y televisión que: "se fueron algunos miles, y apenas hice un llamado de Vuelta a la Patria, todos están regresando". Y de acuerdo con sus declaraciones, han retornado venezolanos "desesperados" desde Perú, Colombia, Brasil y Ecuador, agobiados por presuntos actos de xenofobia y por las pésimas condiciones de trabajo que encontraron en estos países.

Cierto es que unos cuantos miles de venezolanos han regresado al país, sobre en 2020 impulsados por la coyuntura del COVID-19, y el régimen ha promocionado este evento con mucho ruido y alborozo como un gran logro de gestión, pero la realidad es que el número de retornados es ínfimamente insignificante comparado con los más de cinco millones de personas que han huido del país en los últimos años.

Adicionalmente, detrás de esta pequeña ola de retornados, hay muchas incógnitas y bastante manipulación, como es el caso de gente enviada para que retorne en estos vuelos y los números sean más vistosos, tácticas a las que el régimen ya nos tiene acostumbrados, tácticas de forjar falsos positivos[33] para crear noticias. Además, el uso de la gran red comunicacional del régimen ofrece una imagen muy vistosa y colorida en las pantallas muy lejana de la realidad.

Rápidamente la dictadura ha sabido manejar el fracaso del famoso Plan Vuelta a la Patria, aderezando al tema las medidas contra Conviasa[34] por parte de los Estados Unidos, asegurando que la medida busca afectar el Plan Vuelta a la Patria, cuyo objetivo es la repatriación de los ciudadanos venezolanos que migraron a otros países, pero que han decidido regresar.

No obstante, desde la dictadura socialista se continúa

---

[33] **Un falso positivo** es cuando uno cree o lo hacen creer que algo es verdad cuando no lo es, y un **falso negativo** es cuando uno cree o lo hacen creer que no hay algo que realmente está presente cuando en realidad lo está.

[34] El Departamento del Tesoro de Estados Unidos anunció el 7 de febrero del 2020 que incluyó en su lista negra de sanciones a la aerolínea estatal venezolana Conviasa pues la dictadura de Maduro depende de Conviasa para trasladar a funcionarios del régimen corrupto por el mundo para impulsar sus esfuerzos antidemocráticos.

negando la "crisis humanitaria y la crisis migratoria" y como lo ha hecho el régimen cubano por más de seis décadas, achaca la postración económica del país a las sanciones de Estados Unidos que supuestamente impiden la importación de alimentos y medicamentos, y ahora los culpa de impedir que el estado busque la repatriación de sus ciudadanos.

Ataques de Maduro a la Diáspora

Desde la dictadura no solo se miente sobre la diáspora venezolana, también hay un permanente ataque a todos los que, desde esa diáspora, expresan su opinión sobre lo que sucede en Venezuela, a los que exponen la verdad que se vive dentro de sus fronteras. Los líderes de la dictadura niegan firmemente que exista una diáspora, pero la atacan permanentemente.

> Y es que atacar, insultar, perseguir o descalificar siempre fue la táctica de Chávez, que en sus discursos incendiarios denigraba de sus oponentes políticos como "escuálidos", "oligarcas rancios" y "lacayos del imperialismo", entre otros insultos. A los empresarios opositores los llamó "pitiyanquis", a Henrique Capriles un "cerdo de mala vida" y a Salas Romer "frijolito"; y hasta al presidente estadounidense George W. Bush lo llamó "el diablo" en un discurso en la ONU en el año 2006. Y como fieles alumnos, actualmente al presidente interino Juan Guaidó lo llaman Juanito Alimaña y el bobolongo mayor.

A finales de 2019, durante una alocución en el estado Vargas, el dictador Maduro dijo: "dejen la habladera y de desearle mal a Venezuela, que es mucho más bella que los países donde están ustedes, ¡malhablados! Es mucho más bella que donde están ustedes lavando pocetas (inodoros)" … "A quienes se hayan ido del país, que se ponen a hablar mal de Venezuela. Les digo vengan. Ustedes conocen a Venezuela solo por las redes sociales", dijo Maduro, desconociendo plenamente que el éxodo de venezolanos se debe precisamente a la nula capacidad de su gobierno de superar la grave crisis por la que atraviesa el país.

Tal expresión denota el desprecio no solo por los venezolanos que están fuera buscando un cambio de vida, sino que denigra del trabajo que hacen estas personas en otros países, profesionales que se desempeñan en cualquier labor que les permita un ingreso, ingreso que por mínimo que sea, siempre será superior a lo que percibían miserablemente en Venezuela. Para el venezolano ningún trabajo es denigrante, denigrante es robar.

La crisis del COVID-19, durante la primera mitad del año 2020, ha sido otra oportunidad para la dictadura, de atacar continua e indiscriminadamente a la diáspora. De las cosas más desagradables que he oído decir a Maduro, ha sido el hecho de acusar a esos venezolanos que retornan por diversas razones de otros países de América del Sur a través de las fronteras, de ser en sí, supuestas "armas biológicas" utilizadas para ingresar el coronavirus en el país. Y es que Maduro sostiene públicamente que "hay una operación para contaminar a Venezuela desde Colombia" con venezolanos infectados con Covid-19.

Maduro, acusó al presidente de Colombia, Iván Duque, de estar tras un plan para infectar con COVID-19 a los venezolanos que están regresando desde Colombia. Asegura que los colombianos han contagiado de manera intencional a los venezolanos que regresan, y por esta razón, el dictador, declaró emergencia sanitaria en los pasos fronterizos y evade totalmente la responsabilidad del régimen en el tratamiento de la pandemia.

Con esta excusa, quienes retornan han sido criminalizados y son tratados de forma denigrante al ingresar al país y tener que pasar una cuarentena confinados en lugares inapropiados para vivir, como escuelas y hoteles, con prohibición expresa de dar declaraciones a la prensa sobre su situación.

Según Javier Tarazona, director de la ONG Fundaredes[35],

---

[35] **Fundaredes** es una ONG venezolana dedicada a la promoción y defensa de

el trato que se les da a los retornados en los albergues es cruel e inhumano y los someten a condiciones de indigentes.

Una campaña tipo Hollywood

Diosdado Cabello, el segundo hombre del régimen, y líder del narco cartel de los soles, también ha asegurado que las imágenes de venezolanos cruzando a pie las fronteras hacia países suramericanos son parte de una gran campaña al estilo de Hollywood contra la revolución bolivariana. Según Cabello, a los migrantes los obligan a bajar de los autobuses en Colombia, en Perú, les toman fotos, y hacen una película tipo Hollywood.

Diosdado afirma continuamente en su programa de televisión Con el mazo dando, que "todo no es más que una campaña contra nuestro país", además considera "raro e irónico" que los migrantes no quieran quedarse en Colombia y prefieran caminar hasta Perú.

Lo que realmente suena a ironía es que este mismo personaje, Diosdado Cabello, solicita a la Organización de Estados Americanos, OEA, que se investiguen los malos tratos sufridos por los venezolanos en los países a donde han emigrado. Y al igual que Maduro, Cabello ha pedido a los venezolanos que se han ido del país que regresen: "vénganse para acá muchachos que se fueron, aquí tienen sus padres, sus madres, sus hermanos, nadie los va a querer como aquí".

Pero como decía el filósofo Epicteto de Frigia, la verdad triunfa por sí misma, mientras la mentira necesita siempre complicidad. La verdad tarde o temprano sale a la luz y la ONU y diversas instituciones internacionales han exhortado a los países latinoamericanos a seguir acogiendo a los refugiados venezolanos, además de denunciar las exigencias que había impuesto Ecuador y Perú a los migrantes luego de las primeras oleadas migratorias.

derechos humanos, con observatorio en los estados Táchira, Apure, Zulia, Falcón, Bolívar y Amazonas

La mafia mayamera

También Diosdado ha atacado a los inmigrantes venezolanos que han decidido irse a la ciudad de Miami, en los Estados Unidos y solicitar asilo allá, afirmando que allí hay organizaciones que tienen un gran negocio con el tema del asilo político para venezolanos en ese país, y que forjan pruebas para declarar perseguidos políticos a todo opositor que llega a Miami. Al igual que el régimen cubano, llama mafia Mayamera y gusanera a los venezolanos que están radicados en la Florida, y que se declaran contra el régimen chavista venezolano.

Concluyendo

Definitivamente, los ataques y la persecución por parte de la dictadura venezolana contra toda expresión de disidencia, jamás se detendrán mientras mantengan en el poder. La descalificación premeditada y bien orquestada contra todo opositor será la orden del día para todo el que decida emprender una lucha contra la tiranía en Venezuela. El régimen tiene claro que su ataque principal es contra la verdad, y como tal, su táctica es la negación permanente de los hechos, aunque estén a la vista.

Por otra parte, sabemos que la realidad que presenta el régimen, ante los medios de comunicación, dominados en su totalidad por ellos mismos, es una realidad completamente opuesta a la realidad que se vive en las calles y ciudades del país, en las instituciones o en la vida cotidiana. La mentira y el ocultamiento de la verdad han llevado a la nación a vivir en un limbo comunicacional que está inundado de informaciones falsas y confusas a diestra y siniestra. Situación que la dictadura maneja a la perfección y en su beneficio. Los venezolanos están dedicados a sobrevivir, a inventar día tras día un mecanismo que les permita llegar al siguiente día, al siguiente mes, al siguiente año, sin preocuparse por informarse de lo que realmente sucede. La vida transcurre en colas, y largos recorridos en la búsqueda de alimentos y productos esenciales. La vida transcurre saliendo muy temprano de casa para aprovechar el escaso transporte que existe, y luego en llegar temprano a casa para no ser víctima de la delincuencia en la noche. La vida transcurre aprovechando la electricidad mientras llega el siguiente apagón, e inventando para que no se dañen los pocos alimentos que hay en el refrigerador. La vida transcurre para muchos sin preocuparse por cual es la verdad, cual es la realidad. Así, bien pudiéramos decir en Venezuela, Bienvenidos a Macondo[36]. Pero de este Macondo viven y se mantienen todos los que ostentan el poder y quienes tienen fuertes nexos con esa cúpula, llámense enchufados, bolichicos, boliburgueses o cohabitantes, en una historia de nunca acabar.

---

[36] **Macondo** es el pueblo ficticio descrito en las novelas Cien años de soledad, Los funerales de la Mamá Grande, La hojarasca, La mala hora, El coronel no tiene quien le escriba y Monólogo de Isabel viendo llover en Macondo, escritas por el colombiano, premio Nobel de literatura, Gabriel García Márquez.

Crónicas de una Diáspora

V

La experiencia de volver

Colombia, febrero 2020

Gioconda Ramírez, una aguerrida y estudiosa joven de Barinas, graduada simultáneamente en contaduría y en administración pública, ahora radicada en Colombia, me cuenta, vía video llamada de WhatsApp, que por quince años trabajó orgullosamente para Makro, allí la conocí. Me explica que este empleo que le permitió sentirse estable y tener su propia casa, un vehículo y vivir cómodamente. Pero esa estabilidad fue desapareciendo a medida que avanzó el gobierno de Chávez. Tuvo que dejar su empleo porque la situación del país había deteriorado la operatividad de la empresa y su salario ya era insuficiente.

Como alternativa, se dedicó al comercio independiente, comprando diferentes mercancías en Cúcuta para revenderlas en bodegas y abastos de Barinas, pero los problemas del transporte, la gasolina, la presión de la Guardia Nacional y la policía en las alcabalas y sobre todo la increíble desaparición progresiva del dinero en efectivo le impidieron continuar. A consecuencia de esta situación se enfermó de ansiedad y depresión, lo que la obligó a mantenerse inactiva en casa por un tiempo, esperando recuperarse.

En octubre de 2018, un familiar le plantea la posibilidad de ir a Colombia, específicamente a la ciudad de Pereira y probar suerte allí.

—Un día me propusieron que me viniera a Colombia y empezar de cero aquí en Pereira —afirma con gran seriedad, para después soltar una carcajada y continuar diciendo: —y mira, terminé administrando una academia de baile por año y medio, yo que de broma bailaba merengue mirándome los pies… lo mío son los números y las cuentas, pero les di la talla y surgieron nuevas propuestas.

—Después de ese tiempo en la academia, —continúa contando Gioconda. —recibí una propuesta interesante de invertir en un negocio, y decidí vender la casa tenía en Venezuela. Pero ¿sabes qué? —hace una larga pausa mientras dibuja una incógnita con sus ojos, —Tenía que volver a Venezuela a vender esa casa, en esa situación que esta Venezuela. ¡Imagínate! Pero que más, tenía que hacerlo, y lo hice.

Así, en febrero de 2019, cuando apenas ya empezaba a preocupar la pandemia, Gioconda regresa a Venezuela a vender su casa y otras pertenencias, para invertir ese dinero en el proyecto. Un proceso no muy fácil entendiendo la situación del país. Aun así, unos meses después, logra hacer las ventas y enviar el dinero a Colombia por vía transferencia, dinero que invierte de inmediato su socio en Colombia.

En este punto, quedaba algo por resolver: regresar a Colombia, y ahora en plena pandemia, con la movilidad limitada, con la crisis de transporte y gasolina en el país y con las fronteras cerradas. En este contexto, ahora sin vivienda, y con el disgusto de sus padres por haber vendido la casa, estuvo hospedada en casa de un amigo por casi dos meses, sintiendo la escasez, la falta de electricidad y de agua cada día, hasta que se dieron las condiciones para salir de Barinas.

En septiembre emprendió el retorno. Llegar de Barinas a Maracaibo fue una primera odisea. Casi de Madrugada salió de Barinas a Guanare con un conocido en una moto. En Guanare pudo tomar uno de los escasos autobuses de transporte público que encontró, hasta la Ciudad de Barquisimeto. En Barquisimeto, sacando el dedo de la mano en la carretera, logró que un camionero la recogiera y la llevara hasta Maracaibo a donde arribaron al medio día. Casi treinta horas de viaje, en un recorrido que en vehículo de forma directa tomaría unas ocho horas. Un viaje en el que solo tomó agua y comió galletas.

—Afortunadamente puedo decirlo, no me pasó nada, gracias a la protección divina y mis santos que siempre están conmigo, —afirma Gioconda mientras se persigna cerrando los ojos, para continuar diciendo: —porque no creas que no me hicieron propuestas indecorosas.

En todo este periplo, agotó los escasos recursos económicos con que contaba, y teniendo invertido todo su poco capital en Colombia, fue solo gracias al apoyo de algunos de sus amigos fuera del país que logró mantenerse y movilizarse hasta el día que logró regresar a Pereira.

Pero Maracaibo, donde se suponía que solo estaría de paso un par de días, se tornó en una estancia de casi dos meses, en casa de un amigo, de un amigo. La estancia en Maracaibo se extendió debido a que había que hacer los contactos, esperar a reunir cierta cantidad de personas y pagar para poder pasar la frontera por Maicao, además de esperar el momento que fuera menos peligroso para hacerlo, pues esa es una zona fronteriza de muchos conflictos, de contrabando y de presencia de grupos irregulares, guerrilla y paramilitares y narcos. Aun así, el paso de la frontera se hizo con guardias nacionales, obviamente fuera de la ley.

Luego de pasar la frontera en una camioneta manejada por un guardia nacional, a Gioconda la llevó un muchacho en una moto por una carretera en un recorrido de tres horas hasta la ciudad de Maicao.

Finalmente, en ya en Maicao, tomó un autobús hasta la ciudad de Pereira en Risaralda, en donde una vez más sintió que había vuelto a nacer y pudo retomar su negocio, y aunque la pandemia la ha hecho tambalear, ella sigue en pie.

—Pero te cuento que ya este mes ha sido mejor, siento que poco a poco esa situación ha ido mejorando, —me explica mientras sus ojos se iluminan al hablar con gran emoción de su negocio, y las llágrimas brotan cuando termina afirmando: —y estoy feliz de estar luchando en mi propio emprendimiento.

La dura experiencia de Gioconda al tener que regresar, aunque temporalmente a Venezuela, luego de experimentar las bondades de un país libre y en democracia, le hace entender a ella, como a muchos, que la vuelta a la patria está muy lejos de ser una realidad.

Capítulo 5

Una reflexión necesaria desde La Diáspora

"Sólo se aprende a pensar pensando; a trabajar, trabajando; y a ser libre usando siempre la libertad"

Nicolás Avellaneda
Presidente de Argentina entre 1874 y 1880

El duelo del venezolano

Abandonar de forma abrupta y forzada la tierra donde se ha nacido y crecido, donde está nuestra familia, nuestros amigos, nuestros recuerdos, es un evento doloroso que a la mayoría nos marcará de por vida, y ahí tenemos el espejo de todos esos amigos españoles e italianos en todas las capitales venezolanas, que amando a Venezuela más que los venezolanos mismos, porque así se sentían, su acento, sus anécdotas, sus suspiros, los llevaban cada día sentimentalmente a su Europa natal. La vida en el exilio más allá de éxitos o fracasos, y de nuevos arraigos, estará impregnada de forma perenne de recuerdos, vivencias y añoranzas que nos harán más sensibles que los nativos de todos esos lugares a donde llegamos ante cualquier acontecimiento de la vida cotidiana.

Es verdad que llegamos, en la mayoría de los casos, para empezar desde cero, pero con un importante background de experiencias, conocimientos y vivencias que nos pueden dar grandes ventajas, si logramos sentarnos con cabeza fría, tomar conciencia de esa nueva realidad y agarrar las riendas de esta nueva vida desde el principio.

Nuestros retos como diáspora

La gran diáspora venezolana como colectivo y sus miembros como individuos tienen grandes retos emocionales y psicológicos que superar. La masa de venezolanos que se encuentra haciendo vida fuera de las fronteras de Venezuela, aún no ha tomado consciencia colectiva ni individual de que realmente son inmigrantes, más allá de que pequeños grupos que en diversos lugares del mundo, tratan de consolidar iniciativas en pro del acercamiento y colaboracionismo entre venezolanos que habitan regiones determinadas.

La verdad es que, apenas empiezan a florecer tímidamente organizaciones con vocación global que buscan lograr el nexo entre venezolanos en cualquier parte del mundo.

Y es que en el venezolano como individuo y en la diáspora como colectivo se arrastran sentimientos encontrados de desconfianza, confusión, resentimiento y culpabilidad al dejar la Patria, que aunados a la incertidumbre ante la nueva realidad y los desafíos a los que se enfrentan, como un clima diferente, diferentes costumbres, diferentes horarios o un idioma por aprender, generan una conducta de distanciamiento aun cuando se encuentren en contacto frecuente con otros venezolanos. Es la soledad aquella que se experimenta en medio de una multitud. Es ese síndrome del inmigrante que en ocasiones nos ataca algunos no pueden superar.

Aunque no lo exteriorice, de forma consciente o inconsciente el colectivo venezolano o se siente culpable o se siente resentido de haber tenido que abandonar su tierra, pero no lo acepta de ninguna manera y lo oculta detrás de chistes,

> **Actualmente los fenómenos migratorios más allá de traducirse solamente en miseria y en gastos para los países receptores, también ofrecen en el mediano y largo plazo, significativos aportes, avances, e incluso, más puestos y fuentes de trabajo.**

surcamos, cantos, discusiones, risas o llantos.

La conducta de la diáspora hoy en el exilio, lamentablemente refleja una gráfica reducida de lo que sucede dentro el país, donde las profundas divisiones y divergencias, egos y pretensiones, impiden que se vea con claridad y objetividad las metas que se persiguen como colectivo tanto dentro como fuera de Venezuela.

No hemos despertado como inmigrantes, y como colectivo actuamos tal como si estuviésemos aun dentro de Venezuela, el país dejamos, arrastrando incluso, los mismos vicios, las mismas actitudes, los mismos temores, la misma forma de ver la política. Y, por tanto, mientras sigamos actuando de la misma manera y viviendo del mismo modo, vamos a cometer los mismos errores, y obtener los mismos resultados.

Asumir que somos inmigrantes

En primer lugar, creo que debemos entender, asumir que ya no estamos en Venezuela y que somos inmigrantes, independientemente de que llegamos con o sin recursos, que hablemos o no el idioma, o nos cueste adaptarnos al clima, la comida o las costumbres. Ahora somos inmigrantes y como tal tenemos responsabilidades legales y morales, incluso emocionales. Tenemos que empezar a conocer y a querer y a cuidar ese lugar a donde hemos llegado y que nos ha acogido.

Tengo algunos amigos acá en Estados Unidos, a los que he visto usando camisetas que tienen impreso un diseño muy bonito de la bandera de Venezuela mezclada con la bandera de los Estados Unidos, y lo he visto con la bandera de España, y la bandera de Colombia y la de Chile. Ese detalle tan simple va entrañando un pequeño sentimiento de pertenencia y de arraigo, y es al menos algo positivo.

En segundo lugar, en relación con lo que sucedió en Venezuela, es necesario aceptarnos, incluso perdonarnos realmente, perdonarnos de corazón, entender que tal vez cometimos errores políticamente en nuestro país, tal vez no participamos activamente, o no lo suficiente, o tal vez apoyamos a quien no fue honesto, o tal vez permanecimos pasivos, o incluso entender que luchamos hasta lo último y que ya se escapaba de nuestras manos. No podemos vivir condenándonos o condenando a otros por lo que hicimos o dejamos de hacer, que es lo que se siente cuando algunos venezolanos dicen que prefieren no hablar de política, o cuando las conversaciones sobre el tema terminan con palabras altisonantes y acusaciones mutuas. Anclarnos al pasado solo nos va a impedir avanzar allí donde estemos. Creo fervientemente que la palabra tiene mucho poder, y si continuamos repitiendo, pensando o sintiendo estos sentimientos, nunca vamos a superarlo, como no lo hemos hecho hasta ahora ni como individuos ni como colectivo.

... a pesar de que la isla era un paraíso y que la diosa lo cuidaba con esmero, Ulises no podía ocultar su tristeza y pasaba largas horas del día con la vista perdida en el horizonte, añorando al menos una vez, volver a ver a Ítaca.

Y este punto es algo que quiero reiterar, porque alguien puede creer que lo que él siente no le importa a los demás, ni le hace daño a los demás, pero resulta que el colectivo está conformado por individuos, y emocionalmente lo que sienta como individuo es lo que transmitimos al colectivo. Estamos naciendo y desarrollándonos como Diáspora, y como diáspora somos una pequeña Venezuela, pero sin fronteras, más allá de las fronteras que nosotros mismos queramos o permitamos crearnos. Estas formas de conducta negativas o pesimistas, son parte de lo que como nación nos llevó a perder el país que teníamos y en lo posible debemos al menos intentar corregirlas.

En tercer lugar, es apremiante eliminar de nuestra vida el resentimiento que, consciente o inconscientemente albergamos en nuestro ser y nuestro corazón por lo que pasó en Venezuela y contra los que destruyeron el país y contra quienes ciegamente son sus seguidores. Es difícil hablarle al corazón, es como decir que no existen palabras perfectas para hablarle a quien acaba de perder un ser querido. Nada que le digamos, más allá de nuestra presencia o nuestro abrazo, puede aliviar en algo su duelo, y es que lo que llevamos los venezolanos es un gran duelo por nuestra patria.

Quienes destruyeron nuestro país, fueron y son seres atroces y miserables que merecen un castigo sin precedente, y es natural que generen odio y resentimiento, pero lamentablemente será la historia o la justicia, o ambas, quienes dictaminen ese castigo. En nuestras manos solo está el participar de cualquier forma posible, para decirle al mundo lo que sucedió y sucede en nuestro país y ser públicamente testigos de esas atrocidades. Nuestra opinión, nuestra voz, nuestra participación, nuestra presencia es importante para que algún día llegue la justicia. Pero vivir albergando odios y resentimientos solo nos hará daño a nosotros mismos como individuos y como colectivo, y al final de cuentas allá en las altas esferas del poder, aun cuando caiga esta oscura y macabra tiranía, tal vez sigan cohabitando muchos de los que fueron partícipes o partidarios de esta ideología que estamos combatiendo.

… como quien deja de ver los árboles y aprende a ver el bosque, debemos aprender a ver, estudiar y entender nuestra historia contemporánea reciente como un todo, y discernir que lo que sucedió en Venezuela.

Y finalmente, como quien deja de ver los árboles y aprende a ver el bosque, debemos aprender a ver, estudiar y entender nuestra historia contemporánea reciente como un todo, y discernir que lo que sucedió en Venezuela, fue producto de todo un conjunto de errores, costumbres y vicios que vinimos arrastrando desde antes del inicio mismo del período democrático, donde la conspiración, la irresponsabilidad, la corrupción y la viveza criolla a todos los niveles, no permitieron que la democracia madurara y se consolidara como en los países del primer mundo, y donde los enormes caudales del petróleo solo pudieron ralentizar la estrepitosa caída en la fosa hasta donde hemos llegado, permitiendo que una banda de mafias de delincuentes y golpistas se presentaran como los redentores que terminaron crucificando a la nación entera. Si no estudiamos, entendemos y analizamos nuestra historia contemporánea, como se ha dicho, podremos recuperar nuestra patria y nuestra democracia, pero estaremos condenados, irremediablemente, a repetir esa historia una y otra y otra vez.

Todos somos parte de la diáspora

Todo venezolano que está en el exterior forma parte de la diáspora venezolana, y como tal debe entender que tiene un valor importante para el país. Lamentablemente, hay quienes no solo dejaron el país, dejaron la lucha y comenzaron una vida lejos, sino que también por el dolor, pretenden que no tienen conexión con Venezuela, que el país no existe. Es como tratar de ignorarnos a nosotros mismos. Pero siempre habrá un motivo que les recuerde que son venezolanos, como el solo hecho de oír el acento en otros venezolanos que se encontrarán, sin duda, en cualquier lugar inhóspito del mundo, e incluso sus nuevos documentos también le recordarán continuamente que son venezolanos.

A propósito de esto, con cierta frecuencia visito a un amigo venezolano que me repite que no quiere saber nada de Venezuela ni de venezolanos, que él es americano y que Venezuela es solo su pasado, para luego, irónicamente, sentarnos a almorzar un tremendo y sabroso plato de caraotas con carne mechada, arroz, tajadas fritas de plátano y un huevo frito, que no es otra que el plato más típico venezolano llamado Pabellón Criollo; y claro, en diciembre siempre me invita a comer hallacas, pernil, ensalada de gallina y pan de jamón. Jamás recuerdo tanto a Venezuela como cuando me siento a comer en esa mesa, y pues ese es el día a día emocional de la mayoría de los venezolanos que están fuera de Venezuela.

El papel vital de la diáspora venezolana

Andes de que recrudeciera el fenómeno del COVID-19, el Observatorio de la Diáspora Venezolana[37] proyectaba que 2020 podría cerrar con una diáspora de entre 7,5 a 8,2 millones de venezolanos, según el ritmo de crecimiento de los últimos cuatro años. Tan solo la aparición de la pandemia ha podido cambiar esa tendencia, aun así, el fenómeno migratorio venezolano, el flujo de personas que cruza la frontera, sobre todo irregularmente no se detiene y el número de venezolanos fuera de su país es considerable.

Con una diáspora tan numerosa, y tan expandida por el mundo, la recuperación de la democracia y la reconstrucción de Venezuela viene, indiscutiblemente de esa diáspora, aun independientemente de que la gran mayoría de sus integrantes nunca regresen, como no lo harán, de forma definitiva a su casa.

Los líderes que luchan por Venezuela deberían tener como objetivo central, unificar a la diáspora venezolana y aprovechar e impulsar ese caudal de poder humano. Coincido con Diego Arria[38] cuando afirma que la diáspora venezolana es el componente más importante de la reserva internacional del país, y que hasta ahora ha sido parcelada por los partidos políticos, quienes han terminado exportando sus problemas internos a la diáspora. Igualmente, Humberto Calderón Berti repite continuamente que la recuperación de Venezuela y de particularmente de su industria petrolera viene de la diáspora.

---

[37] **El Observatorio de la Diáspora Venezolana** (ODV) es una iniciativa dirigida por el Dr. Tomás Páez Bravo, sociólogo y consultor internacional venezolano y profesor de la UCV, también vicepresidente del Instituto Internacional de Formación Empresarial.

[38] **Diego Enrique Arria Salicetti** es un economista, político, escritor y diplomático venezolano que ha sido diputado al Congreso, Ministro de Información y Turismo y gobernador de Caracas. Fue candidato independiente en las Elecciones presidenciales de Venezuela de 1978. Internacionalmente ha sido director del Banco Interamericano de Desarrollo, Embajador venezolano ante la ONU, presidente del Consejo de Seguridad y Secretario General Asistente y consejero del Secretario General de la OEA.

El fin de todos debe ser el rescate de la libertad y ese es el elemento en común que debe unificar a los venezolanos, no el interés particular de cada partido o tendencia política. Afuera no debería haber protagonismos egoístas de nadie, que lo que ha hecho es en algún modo sectorizar la diáspora y disminuir el poder y la influencia que puede tener esa gran masa humana de venezolanos en el exterior.

La diáspora es un elemento vital para Venezuela, y debemos terminar de entender que el futuro del país será imposible sin esa diáspora. Actualmente, según los expertos y analistas, la diáspora venezolana se ha convertido en la principal agencia humanitaria efectiva que tiene Venezuela, pues según estimación de Ecoanalítica[39] representa entre unos 2.500 a 3.500 millones de dólares. Hay gente que come o que tiene medicinas solo gracias a la diáspora. Por razones lógicas, los venezolanos que están fuera del país producen mucho más que los que están adentro. En realidad, es mucho lo que puede hacer y aportar la diáspora y no se ha sabido apreciar su importante rol por parte de los líderes.

Según datos de Ecoanalítica, antes de declararse la pandemia del COVID-19, se preveía que para el 2020 la cantidad que recibiría Venezuela en remesas llegaría a los 4 000 millones de dólares

Tratando de concluir

Definitivamente la vida continúa, el tiempo no se detiene y tanto los países receptores, como los individuos recibidos deben integrarse, y como ocurre con toda migración, la diáspora venezolana enriquece la cultura y la diversidad de aquellos países receptores mientras se va consolidando con sus propias tradiciones y atesorando aquello que le brinda el país que le recibe.

---

[39] **Ecoanalítica** es una de las más importantes firmas de consultoría económica y financiera venezolana, con amplia trayectoria nacional. www.ecoanalitica.com

Y es que la migración en el mundo, fenómeno que no se detendrá, tiene también sus aspectos positivos más allá de las crisis temporales que ha generado en los países donde la llegada ha sido en masa, pues con las diversas oleadas migratorias globales los países van ensanchado sus fronteras culturales, económicas y sociales al cobijar a los recién llegados, quienes se pueden y se deben integrar de mil maneras: como emprendedores, políticos, líderes empresariales, académicos e investigadores o creando redes gastronómicas, artesanales, culturales o meramente comunicacionales. Los fenómenos migratorios globales como tal, están cambiando la estructura socioeconómica y cultural del mundo pues en las diásporas hay refugiados, inversionistas, visionarios, emprendedores, trabajadores, creativos, y vista como un todo, hace un aporte importantísimo al PIB de los países reduciendo en algún modo la pobreza global, y ahora los venezolanos somos parte de ese fenómeno, pero debemos entenderlo y asumirlo y superar los traumas que nos trajeron a otros horizontes.

Finalmente, reitero que bien sea que retornemos a nuestra tierra, o que sembremos nuestras raíces allí donde hemos llegado, debemos sanar las profundas heridas emocionales, sociales, políticas que ha dejado toda la hecatombe venezolana para integrarnos plenamente a la vida allí donde estemos. No es fácil, ni todos lo lograremos de la misma manera, pero lo importante es tomar conciencia de ello y decidir que nuestra recuperación interna y como colectivo es importante, y una vez que lo hagamos, irán surgiendo de entre nosotros mismos las formas y herramientas de cómo llegar a ello.

Javier Garavito

Crónicas de una Diáspora

VI

Superando la pandemia en Santiago

Santiago de Chile, diciembre 2020

—La pandemia ha sido una locura, para nosotros, y claro, para todo el mundo —cuenta Angela entre risas con su peculiar acento de mujer caraqueña—, ya las protestas políticas y los disturbios nos había golpeado desde finales del año pasado, y pá completar vino la pandemia… Pero ahí nos vamos levantando.

Angela Palacios, caraqueña de Guatire, es una de las mujeres más emprendedoras y aguerridas que he conocido. Con estudios universitarios en turismo, y luego de trabajar un tiempo en el área turística en Caracas como empleada, inició su pequeña agencia de viajes y turismo en Caracas, siempre con el apoyo de su esposo Luis Torres, y sus hermanas Rossi y Kari. Luego del período fuerte del arranque de la empresa, con mucho trabajo, creatividad y una clientela creciente, las cosas parecían ir viento en popa, pero la grave situación política, económica y social, la situación de violencia e inseguridad de Venezuela, la hizo considerar la opción de emigrar del país junto a su esposo, para darle un mejor futuro a Dieguito, su pequeño hijo de 5 años, decisión que tomaron previamente sus hermanas Rossi y Kari, quienes se fueron a Chile a mediados 2016. Luego de analizar entre los Estados Unidos y Chile, Angela y Luis se decantan por Chile para iniciar una nueva vida, por la aparente facilidad a la hora de la regularización migratoria y porque además sus hermanas estaban allí, donde Kari ya tenía un empleo en una agencia de viajes.

—Lo de mi hermana fue muy cómico, —cuenta mientras se ríe alegremente—, a los pocos días de llegar, ella salió a buscar empleo, y como en Caracas había no hecho un curso de bartender, estaba buscando bares y restaurantes para aplicar allí, pero en el recorrido vio una oferta de trabajo en una agencia de turismo, y allí se metió a preguntar, sin mostrar un curriculum, le hicieron una prueba y se quedó trabajando de una vez.

Tomada la decisión, fue el momento de vender el apartamento, el carro y otras cosas para llevar un capital de base para enfrentar un futuro incierto en Santiago de Chile. La partida fue en abril de 2017

—Vender y dejar lo que tanto nos había costado tener era un trago amargo que teníamos que pasar, y que no tuvimos tiempo de digerir., —dice Angela con una voz entre quebrada—, solo hacerlo y marcharnos con nuestro hijo, que no entendía nada de lo que estaba pasando. ¿cómo explicarle a un niño?

Según cuenta Angela, las cosas en Chile al principio se

fueron dando muy fluidas, llegaron al departamento donde vivía su hermana Kari y su novio, y allí estuvieron apenas un mes. Lo primero que hicieron fue comprar un colchón y un celular. Pero tan solo después de un mes rentaron un apartamento para ellos. A los pocos días ya estaba trabajando en una agencia de viajes, en la que estuve poco más de tres meses, tiempo en el que terminó manejando la mayor parte de las operaciones administrativas de la agencia y que además le permitió ver las oportunidades, conocer el mercado y los contactos necesarios para desarrollar su propia agencia, ahora en Chile, como eran sus planes. Este empleo, también le permitió obtener muy rápido la visa temporaria en el país, mucho más rápido que su hermana que había llegado un año antes.

Increíblemente antes de finalizar el año ya habían alquilado un pequeño local y empezó de forma independiente con su propia agencia. El siguiente año, 2018, fue un año de duro trabajo, pero de muy buenas expectativas por cómo iba creciendo la empresa. Luis encontró trabajo como soporte técnico en la línea aérea TAM y también apoyaba a Angela en la agencia y también Kari empezó a trabajar en la agencia.

En general las cosas iban muy bien, Dieguito en la escuela, Angela con full trabajo en la Agencia, sus hermanas también con buen trabajo. Además, Angela, Luis y Diego se mudaron a un departamento más cómodo. Un sueño que empezaba a cristalizarse.

—En el 2018 me vi obligada a hacer un viaje a Venezuela, para resolver lo referente a unos vuelos chárter que estaba coordinando con mi agencia. —hace un silencio, suspira profundamente y continúa—, Fue una experiencia dolorosa, ver cómo, a tan poco tiempo de haber salido del país, las calles y autopistas de Caracas, que antes estaban siempre full de carros, ahora se veían desoladas después de las cuatro de la tarde, cientos de negocios trabajaban a puerta cerrada por seguridad, y muchos ya no existían. Los bancos casi vacíos, los terminales de pasajeros sin unidades de transporte y el transporte público era escaso…

Al siguiente año, 2019, las cosas cambiaron un poco luego de las elecciones, y que el nuevo gobierno, el gobierno de Piñera, hiciera grandes cambios en el régimen migratorio del país, cambios que empezaron a afectar la agencia de viajes y turismo de Angela, dados los controles más estrictos establecidos para los turistas y migrantes.

Pero las cosas continuaron complicándose una vez que en octubre se produce lo que se llamó el estallido social, que fue una serie de manifestaciones masivas y graves disturbios iniciados en Santiago y que se extendieron a las principales ciudades del país, aparentemente manipuladas por movimientos de izquierda con apoyo logístico y económico de la dictadura venezolana.

—Eso fue algo horrible, créeme —dice Angela exaltada—, era como un dejavú, encontrarse en la calle en medio de los disturbios, los gases lacrimógenos, la gente corriendo, disparos, heridos, vidrieras rotas, vehículos quemados, humo por todos lados. ¡que locura! Es justo lo que habíamos vivido en Venezuela, y jurábamos que habíamos dejado eso atrás… y ahora estábamos en medio de eso otra vez. ¡Que locura!

En medio de esta situación violenta, que se fue prolongando por meses, en diversas oportunidades, por seguridad, debieron cerrar la oficina por varios días, lo que obviamente ocasionó pérdidas en ventas y otras opciones de negocios de la agencia.

Aquella crisis social se prolongó hasta fin de año y continúa en 2020, y en medio de esa misma crisis, la pandemia del covid-19 empieza a golpear el país, paralizando progresivamente toda actividad comercial y obligando a Angela a cerrar completamente por un lapso de más de ocho meses y detener las actividades de la agencia pues el turismo y los viajes aéreos se paralizaron por completo durante ese tiempo.

—En un momento, todos nos encontramos sin trabajo,

mis hermanas, Luis, Yo… ¡Todos! —dice Angela llevándose las manos a la cabeza—, te imaginas, las cosas se nos escapaban de las manos.

—Pero nada, como buenos venezolanos nos tocó inventar. Mis hermanas hacían comida, nosotros las apoyábamos, y vendían a través de las redes sociales, de wasap o por teléfono. Los clientes venían a buscar o Luis hacía las entregas.

—Hasta estuvimos barriendo las calles. —la caraqueña no puede evitar reírse—, La municipalidad solicitaba personal para ese trabajo y pues lo agarramos. Las botas de seguridad nos hacían unas ampollas horribles, y trabajábamos bajo la lluvia o el sol, pero eso no impidió que trabajáramos por varios meses. Una vez que ese contrato termina, yo me puse a hacer otras cosas y a mi hermana la contrataron allí mismo en un área administrativa por unos meses más. Fue muy cómico eso, una semana estaba barriendo las calles, y a la siguiente era algo así como una secretaria en las oficinas.

Hoy con la flexibilización de las normativas por la pandemia, las cosas, aunque lentamente, han empezado a caminar nuevamente para Angela toda su gente. Entre tanto su hermana Kari decidió irse a México donde ahora esta con su pareja.

Javier Garavito

Conclusiones

Toda persona, como miembro de la sociedad, tiene derecho a la seguridad social, y a obtener, mediante el esfuerzo nacional y la cooperación internacional, habida cuenta de la organización y los recursos de cada Estado, la satisfacción de los derechos económicos, sociales y culturales, indispensables a su dignidad y al libre desarrollo de su personalidad.

Artículo 22 de la Declaración Universal de los Derechos Humanos, 1948.

Quiero finalizar este trabajo, resaltando una serie de puntos a modo de conclusiones que, a mi parecer de alguna manera sintetizan todo lo expresado en el presente libro, además de algunas reflexiones finales.

En primer lugar, después de haber abordado de una forma un tanto amplia y desde diversos aspectos, el fenómeno de la diáspora venezolana como una realidad ineludible, pudiéramos ver el panorama con un cierto grado de pesimismo, y con justas razones, dadas las proyecciones gigantescas tanto de los números de la migración forzada de venezolanos en los últimos años, como de la situación interna de crisis socio-política, económica y humanitaria que la generan, que cada día es más grave y profunda, y que no muestra signos de solución cercana.

No obstante, la migración continuará a través de la región, y es un hecho absolutamente inevitable, que muchos venezolanos permanecerán en sus países de acogida por los próximos años, y muy probablemente, por el resto de sus vidas.

* * *

Por otra parte, este desplazamiento masivo y continuo de migrantes venezolanos, ha desnudado internacionalmente las grandes falencias de los sistemas migratorios, de salud y educativos entre otros aspectos de la mayoría de los países de América Latina y el Caribe, que no cuentan con experiencia en el manejo de inmigración a gran escala, y se ven sobrepasados en capacidad, a pesar de que algunos países han generado cambios profundos en sus regímenes migratorios, en pro de atender la demanda inesperada de migrantes y agilizar la regularización migratoria de los mismos, aunque queda pendiente fortalecer y simplificar los sistemas de asilo, pues muchos de esos migrantes cumplen con la condición de perseguidos políticos para obtener ese beneficio.

A pesar de las controversias generadas, se ha visto un gran esfuerzo generalizado en la región, por brindar educación básica y servicios de atención médica de emergencia a la mayoría, incluso a los que se encuentran en situación irregular. Aun así, desde las élites de la dictadura chavista se vende la imagen, de que los venezolanos migrantes son discriminados y maltratados por las autoridades de los países de la región.

En algunos países se intentaron aplicar controles migratorios más estrictos cuando el volumen de migrantes aumentó desproporcionadamente, pero esto demostró que los controles excesivos generalmente generan diversas vías irregulares de migración, lo que ocasiona que los datos migratorios oficiales no se correspondan con la realidad, existiendo solo una ilusión de control.

* * *

Aun así, hay aspectos positivos importantes que rescatar ante este fenómeno, y es que la actual migración forzada de venezolanos ha demostrado en la práctica, tener el potencial de influir positivamente en el crecimiento económico a largo plazo de los países que han recibido migrantes masivamente, como ha sucedido particularmente en Chile o Argentina e incluso en Ecuador, y esto es muy optimista para el futuro cercano de estos grupos de inmigrantes, sin negar obviamente, que ha generado grandes costos en escuelas, hospitales y en una infraestructura que ya estaba saturada en estos países.

En este mismo sentido, es esencial que continúe e incluso se potencie el apoyo internacional que ha habido, para apoyar a los países de la región para superar los desafíos que representa acoger masivamente a esos migrantes, y aprovechar a futuro, el talento calificado y los mencionados efectos positivos de esa inmigración.

* * *

Sin querer minimizar la gravedad de la situación, aunque sabemos que se han presentado múltiples casos de xenofobia contra grupos de venezolanos, que han sido noticia en la región, para la magnitud de los números de migrantes venezolanos en la misma región, se pudiera decir que no es tan grave, al contrario, las estadísticas indican que la mayoría de los migrantes han comenzado positivamente el proceso integración en las comunidades receptoras, encontrando acceso a empleo, educación básica y atención médica.

En cierto modo es natural que las comunidades que reciben a los migrantes perciban los diferentes beneficios y el trato otorgado a estos por las autoridades e instituciones que los ayudan, como privilegios excesivos y esto pueda crear conflictos que atenten en contra de los migrantes, como en efecto lo ha producido, y de momento esta situación se ha escapado de las autoridades. Por tanto, es muy importante trabajar en el fomento de un desarrollo inclusivo que permita que se generen conexiones estables y duraderas entre las comunidades receptoras y los recién llegados, a fin de evitar conflictos, casos de xenofobia y sus terribles consecuencias.

* * *

De algún modo, aunque las historias de la mayoría de los migrantes venezolanos son más duras para unos que para otros, aunque en algunas regiones se ha hecho fuerte la xenofobia contra los venezolanos, aunque no es sencillo acceder inicialmente a empleos acordes al nivel profesional, experiencia o talento, a medida que el tiempo avanza, cada día son más las historias positivas y de éxito entre los venezolanos de la diáspora. Somos conscientes de que cada historia es particular, y tiene sus propios ingredientes, además cada país de destino tiene diferentes reglas de juego.

Si bien no soy, para nada optimista en referencia al retorno de la diáspora a Venezuela, si lo soy en cuanto a las grandes posibilidades que tienen los venezolanos de empezar de cero y desarrollarse personal y profesionalmente en cualquier país del mundo, pues se ha ido corroborando en la mayoría de las historias que conocemos de venezolanos en la diáspora en diferentes partes del mundo. Cierto es que por diversas circunstancias existen casos de migrantes que han padecido y aun padecen calamidades en su odisea al salir de Venezuela, pero esperamos que pronto con su lucha y el apoyo de las diversas instituciones que trabajan en pro de los migrantes estas situaciones se tornen en positivas.

* * *

La crisis de migración masiva de venezolanos, también debería ser una alerta para todos líderes políticos de los países de la región que se naricean con la ideología castro-chavista y sus líderes. La realidad venezolana es un espejo en el que pueden verse aún, las pocas democracias libres que quedan en la Latinoamérica y el Caribe, por una parte, para evitar verse en las garras del dominio castro-chavista, como para mantener alianzas estratégicas para propiciar la caída de ese régimen narco terrorista.

* * *

Al hablar de la diáspora venezolana, o del desplazamiento masivo forzado de venezolanos fuera de sus fronteras, es necesario no perder de vista que tal diáspora no es un mal en sí mismo, sino la inevitable consecuencia de una profunda crisis política, económica, social y humanitaria producida en Venezuela por una dictadura socialista ligada al narco tráfico y al terrorismo internacional, que habiendo percibido cifras astronómicas de recursos procedentes de la renta petrolera que alcanza *un millón de millones de dólares*[40], creó el peor cuadro de corrupción, despilfarro y desfalco de recursos públicos de la historia de la humanidad, convirtiendo a un país pujante, en vías de desarrollo, en una república bananera en toda la extensión del término, dominada por fuerzas cubanas, iraníes, chinas y rusas. Una dictadura castro-chavista que logró instaurarse en el país de la mano de los errores y fracasos de la clase política que dirigía a Venezuela antes del Chavismo, y hoy, luego de más de veinte años amenaza con perpetuarse en el poder tal como la dictadura cubana.

Es en este punto, donde la diáspora venezolana, consecuencia de esa debacle, en el largo plazo va a significar un elemento clave, tanto en la efectiva recuperación de la democracia en el país, como en la reconstrucción y recuperación económica, social, cultural, moral y de la infraestructura misma.

---

[40] Con una pequeña fracción de ese monto, Taiwán y Corea del Sur saltaron de la miseria al desarrollo. Con un aporte equivalente a 13 mil millones de dólares comenzó la reconstrucción europea en 1948, luego de la Segunda Guerra Mundial. Obviamente habría que tomar en cuenta la devaluación, pero, aun así, la cifra es astronómica, pues equivale al PIB de 17 países de Latinoamérica en el mismo período.

Acerca del autor

Javier Garavito (Venezuela, febrero 1972) técnico Universitario en Informática, bachelor en Ciencias Gerenciales, máster en educación Universitaria, con estudios profesionales en locución comercial, fotografía, cine y televisión. Aprendedor de carrera, es ante todo un irreverente crítico, dispuesto siempre a ver las caras de la realidad, a rectificar y a cambiar de opinión, siempre presto a aprender cada día algo nuevo y a contrastar visiones.

Es creyente de que la formación profesional sea humanista o científica, teórica o práctica, debe siempre estar en función de la madurez del pensamiento y éste en función del bien colectivo como universal.

Como inmigrante en los Estados Unidos, está convencido que la democracia es un sistema frágil y el más imperfecto, pero hasta hoy, el único que permite que una sociedad y sus individuos se desarrollen y participen en su propio desarrollo y crecimiento individual y colectivo. Además, que es el único que permite el desarrollo de una economía de mercado en la que la libre competencia, la libertad de opinión y el derecho a la propiedad son factores vitales. Pero un sistema que no puede funcionar y desarrollarse si no existe la participación activa y compromiso de todos sus ciudadanos.

Amante de la filosofía, la tecnología, la fotografía y del arte de la educación, aficionado a la lectura de diferentes tópicos, encuentra una pasión particular en expresar sus vivencias, ideas, opiniones o críticas de forma escrita y compartirlas.

Referencias Bibliográficas

BENEMELIS, J. F. (2002) Las guerras secretas de Fidel Castro. Fundación Elena Mederos, Primero Derechos Humanos

BLASCO E.J. (2015) Bumerán Chávez. Los fraudes que llevaron al colapso de Venezuela. Charleston, SC: CreateSpace Independent Publishing Platform.

BRICEÑO-LEÓN, ROBERTO y CAMARDIEL, ALBERTO. (2015) Delito organizado, Mercados ilegales y democracia en Venezuela. Caracas. Editorial Alfa.

CAPRILES A. (2008) La picardía del venezolano o el triunfo de tío Tigre. Caracas. Taurus.

CHÁVEZ, H. (2012) Cuentos del arañero. Vadell Hermanos Editores.

GALEANO E. (1971) Las venas abiertas de América. Uruguay. Monthly Review

KAISER A. y ALVAREZ G. (2016) El engaño populista. Deusto

MACHADO, L. A. (1975) La Revolución de la inteligencia. Caracas. Editorial Arte.

MONTANER, C. A., MENDOZA P. A. y VARGAS LLOSA A. (1996) Manual del perfecto idiota latinoamericano. Madrid. Plaza & Janés Editores

MONTANER, C. A. (2001) Las raíces torcidas de América. Madrid. Plaza & Janés Editores

PLACER D. (2015) Los Brujos de Chávez. La magia como prolongación de la política. Caracas. Sarrapia Ediciones

PLACER D. El dictador y sus demonios: la secta de Nicolás Maduro que secuestró a Venezuela.

RANGEL C. (1976) Del buen salvaje al buen revolucionario. Mitos y realidades de América Latina. Monte Ávila Editores.

RANGEL C. (1982) El Tercermundismo. Monte Ávila Editores.

TOVAR-ARROYO G. (2018) Chavismo: La peste del siglo XXI. (Film Documental)

URDANETA, O. (carlosjate) (2007) No vale yo no creo. (Archivo de video) Recuperado de:
https://www.youtube.com/watch?v=GEpmx1Wu-7g&t=2s

WERTH N, PACZKOWSKI A, BARTOSEK K, MARGOLIN J.L., PANNE J.L. (1997) El Libro negro del comunismo. Crímenes, terror y represión. Harvard University Press

Lecturas recomendadas

CALDERÓN BERTI, HUMBERTO. (2020) Política petrolera de CAP I a Maduro. Publicación Independiente. Amazon.

CALDERÓN BERTI, HUMBERTO. (1986) Venezuela y su política petrolera, 1979-1983. Caracas, Venezuela. Ediciones Centauro.

CASTLES, S. (2003) La política internacional de la migración forzada. México. Migración y Desarrollo.

ESCOBAR, MELBA. (2020) Cuando éramos felices, pero no lo sabíamos. Bogotá, Colombia. Seix Barral

FRONJOSA, ERNESTO. (2018) Auge y caída de un petroestado: La historia de la industria petrolera en Venezuela. Caracas, Venezuela. Universidad Metropolitana.

GZESH, S. (2008) Una redefinición de la migración forzosa con base en los derechos humanos. Migración y Desarrollo.

KOECHLIN, JOSÉ y EGUREN, JOAQUÍN. (2018) El Éxodo venezolano. Entre el exilio y la migración. Perú. OBIMID

MONTANER, C. A., MENDOZA P. A. y VARGAS LLOSA A. (1996) Manual del perfecto idiota latinoamericano. Madrid. Plaza & Janés Editores

RANGEL C. (1976) Del buen salvaje al buen revolucionario. Mitos y realidades de América Latina. Monte Ávila Editores.

REVEL J. F. (1988) El Conocimiento inútil. La primera de todas las fuerzas que dirigen el mundo es la mentira. Barcelona. Editorial Planeta.

VIVAS PERDOMO, A.O. (2008) Los Escritos del General Vivas (Blog) Disponible en:
http://losescritosdelgeneralvivasp.blogspot.com/

Referencias en la web.

Agencia de las Naciones Unidas para los refugiados.
https://www.acnur.org/

Qué queda de la herencia que Hugo Chávez le dejó a
Nicaragua gracias al petróleo de Venezuela.
https://www.bbc.com/mundo/noticias-america-latina-
41503503

Connectas, una plataforma para la innovación periodística.
https://www.connectas.org

Observatorio Venezolano para la violencia.
https://observatoriodeviolencia.org.ve

Observatorio venezolano de conflictividad social.
https://www.observatoriodeconflictos.org.ve

Organización internacional para las migraciones.
https://www.iom.int/es

Comité internacional de la Cruz Roja.
https://www.icrc.org/

Portal de datos mundiales sobre la migración.
https://migrationdataportal.org/

Programa Venezolano de Educación Acción en Derechos
Humanos (Provea)
https://www.derechos.org.ve/

Insight Crime. Investigación y análisis de Crimen Organizado.
https://es.insightcrime.org/

Red internacional de migración y desarrollo.
http://www.migracionydesarrollo.org

Miguel Ángel Santos
http://miguelangelsantos.net/

Organización de Estados Americanos. OEA.
http://www.oas.org/es/

Organización de las Naciones Unidas. ONU.
https://www.un.org/es/

Refworld es la principal fuente de información necesaria para
tomar decisiones de calidad sobre el estatuto de refugiados.
https://www.refworld.org.es/

Transparencia Venezuela.
https://transparencia.org.ve

Javier Garavito

Javier Garavito